深度学习教学改进丛书

教育部基础教育课程教材发展中心
课程教材研究所 组织编写

田慧生 主编
刘月霞 副主编

深度学习：走向核心素养
（学科教学指南·初中数学）

刘晓玫 主编

黄延林 副主编

教育科学出版社
·北京·

本项目研究由北京王府公益基金会提供部分资金支持

丛书编委会

本册编写人员

主　　编：刘晓玫

副 主 编：黄延林

参编人员：顿继安　张惠英　王永会　王瑞霖

　　　　　李　超　章　巍　周海楠　刘　晴

　　　　　李慈秀　焦艳玲　金成豪　王艳平

丛书序

　　党的十八大明确提出"把立德树人作为教育的根本任务"。2014 年 3 月,《教育部关于全面深化课程改革 落实立德树人根本任务的意见》强调把课程改革作为落实立德树人根本任务的一个重要抓手和突破口,并首次提出要研究制订学生发展核心素养体系,把核心素养落实到各学科教学中。党的十九大进一步强调"落实立德树人根本任务,发展素质教育"。2017 年 12 月,教育部印发了新修订的普通高中课程方案和各学科课程标准,把党的教育方针中关于学生德智体美全面发展的总体要求具体化、细化为学生发展核心素养;各学科结合学生发展核心素养的要求和学科特点,进一步凝练出学科核心素养,并把学科核心素养作为确定课程目标、遴选教学内容、设计教学活动的主要依据。

　　为全面深化课程改革,落实立德树人根本任务,从 2014 年 9 月起,教育部基础教育课程教材发展中心(简称"中心")组织专家团队,在借鉴国外相关研究成果和总结我国课程教学改革经验的基础上,着手研究开发深度学习教学改进项目,将其作为深化基础教育课程改革的重要抓手和落实学生发展核心素养及各学科课程标准的实践途径。我们希望通过深度学习教学改进项目的实施,推动课堂教学关系的深度调整和人才培养模式的重大变革,引领教学理念、教学方式、评价体系、教学组织管理制度等全方位的变革。

该项目旨在通过改进教育教学，指导学生进行深度学习。同时，我们将项目研究定位为行动研究。参与项目研究的全体人员既是研究者，又是实践者，大家针对课程教学改革中的重点和难点问题，边研究、边实验、边解决问题。项目在实施过程中，始终坚持理论与实践相结合。一是坚持研究先行，成立了由高校专家、教研员、校长和骨干教师组成的项目研究组，对深度学习的基本理论和实践模型进行研究，提出了基本理论框架；同时，依据基本理论框架，构建实践模型，指导教师围绕教学设计和教学实践开展研究与实验工作，鼓励教师整理积累教学设计案例，进一步验证和丰富深度学习的基本理论。二是坚持实验为重，设立了实验区和实验校，先行在北京、重庆、广东、四川、江苏、山东、浙江、河南等地的15个实验区的90多所实验学校开展实验，上千名教研人员、实验学校校长及骨干教师参与了研究和实验。北京市海淀区作为项目实验示范区，先行先试，为其他实验区提供经验、案例和培训人员，通过示范引领，实现项目的有效推进。4年来，各实验区教师创造和积累了数百个教学实践案例。三是坚持集中研修与个别指导相结合。定期召开项目研修班、实施交流会，搭建网络交流平台和开展网络研修活动；组织项目组专家赴实验区指导，推动项目研究与实验持续发展。4年来，先后组织专家200余人次赴实验区进行实地指导。专家们参与集体研修和交流，开展网络在线研修，实地指导实验人员达 6000 余人次，大大提高了教师的教育教学能力和水平，有力地推动了实验区教研质量的提升和教学改革的开展，受到了区域、学校和教师的广泛好评。有一位参加实验的教师在培训心得中这样写道："自区域开展深度学习教学改进项目以来，我一直都是参与者和实践者。在参与的过程中，我的教育思想和教育行为都发生了比较大的变化。例如，每次我在设计教学的时候，都会首先考虑我的学生能从课堂中学会什么，以及如何设计活动让他们把在课堂中学到的东西用于生活实际……"

经过 4 年的研究与实验，项目取得了阶段性成果。一些成果陆续在《课程·教材·教法》《中国教育报》《基础教育课程》等报刊上发表，引起了教育界的广泛关注。为了进一步总结各地的实验经验和研究成果，为广大教研员和教师提供落实学生发展核心素养的脚手架，中心决定在总结项目研究成果的基础上，出版"深度学习教学改进丛书"，包括理论普及读本、学科教学指南和教学案例选。理论普及读本意在通过项目组专家对项目基本理论和实施策略的解读，帮助广大教研员和教师理解项目的基本理念和实施策略；学科教学指南包括初中语文、数学、英语、物理、化学、生物、历史，小学语文、数学、英语 10 个学科，意在为广大教研员和教师提供相关学科实施深度学习的基本思路和操作指南；教学案例选遴选了在项目研究与实践中形成的优秀典型案例，意在为教师开展深度学习教学改进项目实践提供参考。我们期望这部丛书对教师在教学中如何落实学科核心素养起到借鉴和参考作用。

尽管深度学习教学改进项目取得了阶段性成果，但是这些成果还只是初步的，无论是在理论层面还是在实践操作层面都还很不完善，需要不断得到丰富和发展。下一阶段的项目研究与实验要重点做好以下几个方面的工作。

一是进一步深化研究。在理论认识上要进一步明确深度学习的基本概念、基本特征、意义和价值；在实践操作上要进一步细化，让教师容易理解、掌握深度学习的基本理论框架和操作要求，并且能够在课堂中真正落地实施。同时，要坚持问题导向。在研究与实验中要不断发现问题，聚焦问题，找准深化研究的着力点，在着力点上发力、下功夫。

二是进一步加强沟通和指导。深度学习教学改进项目的实施需要项目专家团队、教育行政部门、教研部门、学校、教师团队等各个方面的通力合作。只有各个方面形成项目实施共同体，项目实施才能真正取得实效。为此，我们要加强沟通和指导，形成各方联动的推进机制。同时，要充分利用信息技术和互联网，建立项目实施的信息交流平台。

三是加强实验教师的研修。深度学习教学改进项目实施的关键在教师。深度学习的基本理念和实践操作要真正被教师所理解和掌握，需要一个过程。因此，需要进一步完善项目研修内容、研修形式和研修机制。

四是进一步加强区域和学校统筹。要使深度学习教学改进项目真正取得实效，一定要将其纳入区域和学校的工作规划，使之成为区域和学校深化基础教育课程改革、落实学生发展核心素养的重点工作，并提供必要的保障条件，形成区域统筹以及区域、学校、教师职责明确和上下联动的机制。

这部丛书还只是深度学习教学改进项目研究与实验成果的阶段性总结，我们希望随着项目研究与实验的不断深入，丛书能够得到进一步充实、修订和完善。也希望广大教育工作者，特别是广大教研员和教师提出宝贵意见和建议。下一阶段，我们将继续深化义务教育阶段项目研究与实验，并适时启动普通高中阶段深度学习的研究与实验工作。

田慧生

教育部基础教育课程教材发展中心主任

课程教材研究所所长

2018 年 11 月

目 录

前　言

　　2014 年以来，教育部基础教育课程教材发展中心组织专家团队实施了深度学习教学改进项目，对落实学生发展核心素养的实践策略和途径开展积极探索。深度学习教学改进项目初中数学课题组在理论建构教学设计与教学实践等方面开展了大量工作，取得了阶段性成果，并研制了《深度学习：走向核心素养（学科教学指南·初中数学）》（以下简称《指南》），以帮助和指导教师更好地实施深度学习。

　　《指南》以《义务教育数学课程标准（2011 年版）》［以下简称《标准（2011 年版）》］中第三学段的数学核心内容为载体，以全面提高学生在知识技能、数学思考、问题解决和情感态度方面的发展为目标，力求使学生的数学学科核心素养获得更大的发展。

　　《指南》包括以下几个部分。

　　初中数学深度学习的内涵与意义。这部分内容主要是为了使读者了解初中数学深度学习的内涵、特征，以及实施初中数学深度学习对促进学生学会学习的意义，为实施初中数学深度学习做好理论层面的准备。

　　初中数学深度学习的教学设计。本部分主要阐述单元学习主题教学设计是实现深度学习的有效方式，呈现单元学习主题的类型，描述单元学习主题教学设计过程中应该遵循的原则，展示单元学习主题教学设计的基本过程。希望这些内容给教师确定单元学习主题、开展单元学习主题教学设计提供具体的、具有可操作性的指导。

　　初中数学深度学习的实施策略。本部分内容主要从教师个人和教师团队两个方面展开讨论。一方面从教师实施深度学习的基本素养出发，对初中数学课程内容几个领域的核心内容进行分析，以便读者建立整体把握数学课程内容及其本质的意识。另一方面，对教师团队合作开展深度学习教学设计与实施的策略进行指导，主要从校本教研、区域教研两个层面提出进行数学深度学习下单元设计教研活动的建议。

　　初中数学深度学习的教学案例。我们收集整理了几个不同类型的单元学习主题的教学案例，案例包含了从设计思路到设计方案、实施过程和教学评价、教学反思以及专家点评等部分，供读者参考。

　　常见问题解答。在初中数学深度学习的实验过程中，很多老师边实践、边思考，提出了一些与深度学习有关的问题，我们选择了一些带有一定普遍性的问题进行回答，与读者分享。

第一章

初中数学深度学习的内涵与意义

第一节　什么是初中数学深度学习

深度学习是课程改革以来对课程理解和课堂实践的深化，它既是一种理念，也是一种实践指导策略。教育部基础教育课程教材发展中心所领导的深度学习教学改进项目总项目组对深度学习的内涵界定如下：在教师引领下，学生围绕着具有挑战性的学习主题，全身心积极参与、体验成功、获得发展的有意义的学习过程。在这个过程中，学生掌握学科的核心知识，理解学习的过程，把握学科的本质及思想方法，形成积极的内在学习动机、高级的社会性情感、积极的态度、正确的价值观，成为既具独立性、批判性、创造性又有合作精神，基础扎实的优秀的学习者，成为未来社会历史实践的主人。①

一、初中数学深度学习的内涵

基于总项目组对深度学习的界定，结合初中数学学科的特点以及数学课程对学生数学学科素养提出的要求，我们认为，初中数学深度学习是指在教师引领下，学生围绕具有挑战性的数学学习主题，全身心积极参与、体验成功、获得发展的有意义的数学学习过程。在这个过程中，学生开展以从具体到抽象、运算与推理、几何直观、数据分析和问题解决等为重点的思维活动，获得数学核心知识，把握数学的本质和思想方法，提高思维能力，发展数学学科核心素养，形成积极的情感、态度和正确的价值观，逐渐成为既具独立性、批判性、创造性又有合作精神的学习者。初中数学深度学习的教学设计重点在于通

---

① 刘月霞，郭华.深度学习：走向核心素养（理论普及读本）［M］.北京：教育科学出版社，2018：32.

过精心设计问题情境和学习任务，引发学生认知冲突和深度思考，关注对学生的形成性评价。

初中数学深度学习是对数学知识本质的理解，对知识内在联系的认识和整体把握；而不只是对数学知识零散的记忆和堆砌、技能的熟练和重复。

初中数学深度学习是让学生在经历知识产生的过程中体会其中的数学思想方法，形成数学的思维方式，并将数学的知识方法尽可能与现实问题建立联系，解决现实问题；而不只是对数学概念、命题等结果性知识的掌握。

初中数学深度学习是让学生主动参与、积极探索，经历数学知识"再发现"的过程，是在不断反思、质疑和应用中对学习对象深度加工的过程；而不是一蹴而就、被动接受的学习过程。

初中数学深度学习是让学生在丰富的数学学习活动中形成积极的情感体验和对数学价值的正确认识，而不是只看到书本上"冰冷"的概念、公式及抽象的数学符号和图形。

初中数学深度学习不仅需要学生了解一个数学研究对象是怎样获得的，还要学习如何对它展开进一步研究，如它的多种表征、它与其他相关数学研究对象间的关系、它蕴含的规律和性质以及对它的应用。在这个学习过程中，获得数学的基础知识、基本技能、基本思想、基本活动经验，增强发现和提出问题的能力、分析和解决问题的能力，发展数学学科核心素养。

二、初中数学深度学习的特点

初中数学深度学习的内涵决定了初中数学深度学习可以使学生的数学学习具备以下特点。

1. 学生能够体会数学知识的整体结构和联系

数学学习的过程是一个持续不断、前后联系的过程。在日常的教学中，教师们经常使用的一种教学方式就是先复习引入，然后再展开新的内容的学习。然而，复习的展开往往主要指向该节课的知识所需，因此这样的联系无论是在时间上还是内容上都有较大的局限性。例如，学习有理数的减法时，教师们常常会复习一下上节课学习的有理数的加法，而对于加法与减法之间的联系没有给学生一个整体的、关联性的呈现。事实上，学习内容的联系不仅仅体现在相邻的课时之间知识的联系，还更多地包括通过教师设计的学习活动调动、激活以往的相关知识和经验，包括思维活动的经验和实践活动的经验。

初中数学深度学习要求能够整体呈现初中数学内容的结构，以融会贯通的方式对学习内容进行组织、整合，尽可能地体现内容本质之间的联系。掌握知识之间的内在联系，最终的目的是要通过这些联系形成一个合理的、有机的知识结构，这个结构既有客观的知识之间的逻辑关系，又有学生个性化的认识和理解。初中数学深度学习的目标就是要为学生创设条件和机会让他们建构出自己的知识结构，并不断将其优化。

2. 学生积极参与富有思维含量的数学活动

数学学习过程是教师、学生围绕学习内容而展开的活动过程，初中数学深度学习要求学生能够全身心投入具有挑战性的、富有思维含量的学习活动。在这个过程中，学生经历"探索""归纳""发现""论证"等阶段，经历知识的形成过程，在获得知识、方法的同时，发展数学的思维，体会数学学科的思想方法以及数学在解决现实世界的问题中的价值，体验挑战成功的成就感。

在深度学习的数学学习活动中，学生应该经历以从具体到抽象、运算与推理、几何直观、数据分析和问题解决等为重点的思维活动，在获得数学核心知识的同时，提高思维能力，形成数学学科核心素养。

3. 学生能够体会数学核心内容的本质

初中数学深度学习的另外一个重要特征是，学生在学习过程中，能够抓住数学知识本质和关键特征。学生学习了方程之后，如果仅仅记住了"方程是含有未知数的等式",但对方程的本质即"量与量之间的等量关系的刻画"这一特征没有体会和理解,那还是只学习到了外在的、形式化的东西。

加深对知识的理解和体会,灵活运用所学的方法去处理不同的问题,是实现初中数学深度学习的重要环节。如在对平行四边形的性质的学习过程中,掌握研究图形性质的方法(从哪些角度研究、研究图形的哪些性质等),并自觉迁移到特殊平行四边形的研究中,体会这些图形之间的一般与特殊关系等,使学生在辨识、归纳、概括中真正理解概念、原理和方法,把握数学学科知识的本质。

4. 学生能够将知识迁移到新的情境中加以应用

迁移能力,是数学学习的关键能力之一。初中数学深度学习的又一个关键就是,学生能够将所学内容迁移到新情境中,能够综合应用所学数学知识去解决新问题。这不仅是学生数学学习的目的,也是学生终身发展所必需的能力和素养。

应用意识和数学建模是数学学科核心素养的重要组成部分,初中数学深度学习以提升学生的学科素养为目标,学生对数学知识的本质把握与否、对思想方法的理解与否,与是否能够在具体的问题情境中加以应用是有密切联系的,也关系到思维能否得到提升和发展。

第二节　开展初中数学深度学习的意义

初中数学深度学习是实现数学课程目标的有效途径。通过数学教育,培养学生"会用数学眼光观察世界,会用数学思维思考世界,会用数学语言表达世界"①。初中数学深度学习指向学生数学素养的提升,

---

① 中华人民共和国教育部. 普通高中数学课程标准:2017 年版［M］. 北京:人民教育出版社,2018:2.

有助于数学教育对人的发展价值的实现。

一、有助于数学课堂教学质量的提升

近几年来，初中数学课堂教学已经发生了很多变化，经历知识的产生过程、注重学生的主体性发挥等做法在课堂上有所体现，但还是有很多的数学课堂只关注知识的学习，且存在"碎""散""浅"的现象，不能深入知识的本质、体现知识的整体性和联系性。

数学教学中的"碎"体现为知识内容缺少整体性。学生在数学知识的学习过程中，如果对每一部分知识的学习缺少整体把握，很快就到了具体内容的学习，或者没有在知识学习后有一个思想方法上的提升，那么，学生的知识结构就容易是碎片式的。波利亚曾指出："如果你深入到细节中去，你就可能会在细节中迷失自我。过多过细的枝节对思维是一种负担。它们会阻碍你对要点投入足够的注意力，甚至会使你全然看不到要点。"①

在现实教学中，教师出于怕学生不能很好地掌握知识的"好心"，常常设计了很多的问题，但提出的都是一个个小问题，而不是先从大处着眼，让学生整体进行思考，然后再逐步分解。例如，在学习数学概念或命题时，概念或命题刚刚给出，教师就迫不及待地给出了"小试牛刀""巩固练习""试试谁做得快"等一个个小栏目，一道道体现概念或命题"理解"的小题目，使学生眼花缭乱，紧紧跟在教师后面，生怕落下半步。结果，学生是迈着小碎步被教师牵着往前走，缺少整体的理解，当然也就影响了真正理解和迁移与运用。

缺少对知识内容的整体把握的另一个表现就是"散"，这体现为知识间缺少联系性。数学教学中，一个个零散的概念和命题如果不建立

---

① 波利亚. 怎样解题：数学思维的新方法［M］. 涂泓，冯承天，译. 上海：上海科技教育出版社，2007：64.

联系，就像散落的珍珠，不能使学生产生对数学知识的整体认识。例如，整式的乘法运算与因式分解两项内容，如果不从运算和应用的角度分析它们的联系与区别，那么学生既体会不到学习的意义，也容易混淆二者的区别。

另外，在日常教学中，无论是每一章的开头还是每一节的开头，都应该先给学生一个知识内容的轮廓和架构，让学生知道从现在开始将进入一块什么样的"数学领地"，以及大概要做些什么。再如，在一元二次方程这一章的起始课上，教师如果能够联系前面的一元一次方程或二元一次方程组学习，整体建构本单元的学习任务和目标，就会有利于学生整体把握这部分内容的学习，也给学生自主建构知识间的联系和思考各部分的学习内容提供了空间。然而，一些教师会直奔主题，并且在给出一元二次方程的描述性定义后，片面地把概念学习聚焦在讨论二次项系数是否为零的代数式运算上，追求形式化的表达，而忽视了此类方程与其他类方程的特征和关系。

数学教学中的"浅"体现为缺少对内容理解的深刻性，简单的记忆和模仿性练习、解题会占据学生学习的大多数时间，学生对数学的学习往往就是对概念、定理的记忆和大量解题。例如，在对一次函数的学习中，为了建立一次函数的概念，教师举出了一个一个的实例，引导学生进行归纳、抽象，最后建立一次函数模型。应该说这样的处理无可厚非。但是，当你问学生什么是一次函数时，学生告诉你的往往是它的形式化的表达：$y=kx+b$。当你再进一步追问其中 k、b 的含义时，学生会表现出一脸的茫然。函数概念在初中阶段对学生来说是学习的重点也是难点。我们需要创设较丰富的问题情境，并且在情境分析中解释函数变化的本质特征。

前面谈到的"碎""散"也是导致"浅"的重要根源。只有体现了内容的整体性、联系性的教学设计和指向学生思维发展的学习过程，才可能将数学学习引向深入。

初中数学深度学习从关注数学课程的核心内容入手——核心内容

一般不是单一的知识点，而是一类类内容形成的一个个知识团或知识链，这些知识团或知识链分别反映了学科的基本问题，体现出学科的某个方面的核心本质。如相似图形与锐角三角函数的概念，虽然学习领域不同，但锐角三角函数体现的是相似三角形的应用。以核心内容为出发点和立足点使数学的教和学都有了整体的视角，也有了对内容本质认识的基础。

二、有助于促进学生数学学科核心素养的发展

初中数学深度学习的发生既有对学生数学学习过程的改变，也有对数学学习结果的改变。正如前面对初中数学深度学习含义描述的那样，初中数学深度学习关注学生理解、关联、迁移、应用、质疑等学习活动的过程性，从学习结果来看，强调学生能体会到知识的本质、内在的联系和在新情境中的应用，而不是对知识进行机械识记、反复练习、模式套用的学习过程和结果。初中数学深度学习从核心内容和知识团或知识链整体入手，这样才可能在整体看待核心内容背景下将其承载的数学思想方法同学生应获得的关键能力和核心素养建立关联，也才能使学生通过数学学习实现核心素养的获得。

《普通高中数学课程标准（2017 年版）》中提出数学学科的六个核心素养，它们是"数学抽象""逻辑推理""数学建模""直观想象""数学运算"和"数据分析"。我们不难看出，它们与《标准（2011 年版）》中提出的十个核心概念有高度的一致性："在数学课程中，应当注重发展学生的数感、符号意识、空间观念、几何直观、数据分析观念、运算能力、推理能力和模型思想。为了适应时代发展对人才培养的需要，数学课程还要特别注重发展学生的应用意识和创新意识。"[①]

---

① 中华人民共和国教育部. 义务教育数学课程标准：2011 年版 [M]. 北京：北京师范大学出版社，2012：5.

这也说明了数学学科中的核心概念与现在提出的数学学科核心素养都是反映本学科中最基本、最本质、最重要、最核心的内容、思想、方法的，也是学生通过学习数学应该获得的最重要的观念、思想方法和能力。

《义务教育数学课程标准（2011 年版）解读》中对核心概念进行了分析：首先，"这些核心概念的内涵在性质上是体现的学习主体——学生的特征，它们涉及的是学生在数学学习中应该建立和培养的关于数学的感悟、观念、意识、思想、能力等，因此，可以认为，它们是学生在义务教育阶段数学课程中最应培养的数学素养，是促进学生发展的重要方面"。其次，这些概念"是实实在在蕴涵于具体的课程内容之中，或者与课程内容紧密结合的"。"核心概念往往是一类课程内容的核心或聚焦点，它有利于我们把握课程内容的线索和层次，抓住教学中的关键。"再次，"核心概念本质上体现的是数学的基本思想"。最后，"这些核心概念都是数学课程的目标点"。①

因此，我们对数学课程本质的认识以及对数学课程目标的定位都可以从核心概念或核心素养的角度进行很好的诠释。数学深度学习的理念也正是以这些"核心"为出发点和落脚点的，在数学的教与学中，通过内容的有机整合、整体设计，以及恰当的教学方式，引导学生实现理解性学习、批判性思考、对数学本质的认识以及创新和应用意识的形成。

三、有助于促进教师专业发展

对数学核心内容或知识团、知识链的整体把握对教师的数学学科理解提出了更高的要求，确定学习的主题、设计挑战性的问题对教师来说也是新的挑战。因此，初中数学深度学习对促进初中数学教师专

① 史宁中 . 义务教育数学课程标准（2011 年版）解读 [M]. 北京：北京师范大学出版社，2012：78.

业知识的发展、专业素养的提升会有积极的促进作用。

　　初中数学深度学习的实施，需要教师个体的学科素养的提高，同时也更需要教师同伴间的讨论和切磋。从对数学核心知识的认识理解到整体进行教学设计，从恰当的问题及活动设计到对学生学习过程的评价，这些将改变以往教师单枪匹马备课的情形，成为校本教研、区域教研的主要内容，使得很多"教"与"学"的问题在讨论中变得越来越清晰，很多设计在碰撞中找到最佳的呈现方式。

　　整体设计的要求使跨年级的交流成为必然。如对函数内容的整体定位和要求的讨论，就涉及不同年级学习的不同函数，但研究函数的一般方法、函数内容中蕴含的数学思想等都是相同的。因此，要设计体现学生思维发展的进阶，让学生循序渐进地体会抽象的函数思想这样的深度学习教学设计，就要求教师团队有更加紧密的合作了。

第二章
初中数学深度学习的教学设计

初中数学深度学习如何实现呢？深度学习的发生都需要哪些条件呢？根据深度学习的界定和特征描述，一切指向学生思维逐渐深入、最终发展学生高阶思维的学习活动都是实现深度学习的活动。初中数学深度学习结合初中数学学科的特点以及学生认知特点，循序渐进地引导学生在知识的发生、发展和联系中发展思维水平，同时体会数学内容本质，感悟数学思想方法。因此，用联系的、整体的观点组织数学内容，是实现初中数学深度学习的有效途径。

第一节　什么是初中数学深度学习的教学设计

一、以单元学习主题为统领的教学设计

初中数学深度学习的发生需要教师对数学核心内容（包括重要的思维方式、思想方法、解决问题策略等）及其本质有整体的把握和认识，对数学知识的本质和知识间的联系有深刻的理解，而最终让学生体会其中蕴含的数学思想方法、提升学生的核心素养是深度学习的根本目的。数学核心知识是一类知识的聚焦点，基于核心内容进行整体分析是实现深度学习的基础。因此，深度学习的教学设计与单元教学设计之间有着密切的关系。单元教学是按某种标准将一类内容作为整体进行教学设计并实施的教学方式。单元教学设计能很好地体现整体性，它将教学活动中的每一环节均纳入整个单元教学规划来考虑，这种整体性设计有助于优化学生的认知结构，使学生对知识的掌握更加系统和深入。

单元教学设计的整体性、层序性、生本性、创造性①等为深度学习的实现提供了保证。因此，深度学习教学改进项目提出了以单元学习主题设计为主要形式开展深度学习的理念。下面我们主要从深度学习与单元学习主题的关系、单元学习主题的类型以及基于单元学习主题的教学设计等方面进行分析和讨论，阐述初中数学深度学习的设计过程。

二、初中数学单元学习主题及其主要类型

单元学习主题的确定是进行单元学习设计的关键。它主要包括对所考虑形成单元的学习内容进行整体分析——分析内容的学科知识背景，分析课程标准中对这些内容的定位要求，分析单元学习主题与学生数学学科核心素养培养的关系等，同时要对学生已有知识经验进行分析，并在此基础上进行单元整体设计，明晰单元学习主题的总体目标，分析单元学习主题的内容本质和学生的认知实际，设计有效的教学过程与方法，确定评价的方式与方法以及实施的策略，并按照设计方案进行实施。单元学习主题教学是实现深度学习的有效途径。

1. 对单元学习主题的基本认识和理解

单元，整体中自成段落、系统，自为一组的单位（多用于教材、房屋等）。② 这里主要指向学生学习的单元。单元即从整体的视角看待课程内容，是进行深度学习的基础。

在"数与代数"领域中，"方程""函数"等就可以看成不同的单元。而"一元二次方程"则是"方程"这个整体下更小的、更具体的单元——当然，在这个单元中，我们还可以大致划分出三个小单元：

---

① 吕世虎，吴振英，杨婷，等. 单元教学设计及其对促进数学教师专业发展的作用 [J]. 数学教育学报，2016（5）：16-21.

② 中国社会科学院语言研究所词典编辑室. 现代汉语词典 [M]. 7 版. 北京：商务印书馆，2016：255.

"对一元二次方程的认识""解一元二次方程""一元二次方程的
应用"。

如此看来，从课程核心内容和学生学习的角度分析，单元可以分
成"大单元""中单元""小单元"，甚至还有"微单元"。考虑到数学
内容的特点和学生的认知需求，教材的编排通常采取螺旋上升的方式，
以"章"的形式呈现——我们称之为"教材单元"，一般是以核心内
容为主题的中单元。因此，每个教材单元都隶属于一个大单元，教材
单元间就存在一些必然的、逻辑上的联系，将它们整体看待更能体现
知识间的整体性，体现内容内在的思想方法，为学生整体把握知识、
提升素养提供了平台。而大单元，是教师对学科内容和本质认识的基
础，对数学教学来讲有"更深刻的意义"，也"更好地融入了教师对于
教学内容的创造性思考和整合"。①

深度学习中单元学习主题的确定，一方面是从数学核心内容即教
材的中单元或小单元中提炼的；另一方面，选择数学思想方法中的一
些具体内容，以适当的知识为载体进行主题式的单元设计，也是非常
重要的。例如，数形结合的思想方法在初中数学中比较重要，它与几
何直观、空间观念等都有一定的联系，教师可以在学生学习了一定知
识的基础上，确定主题式单元，进行教学设计和实施，加强学生对本
主题的认识和理解。另外，还有以问题解决为主的单元形式。其中的
问题可以是学生生活与社会生活（购物、手机话费等）的问题，也可
以是其他学科领域（如物理、生物、科学）的问题，或者是数学自身
的具有挑战性的、综合性的问题。内容的选择应根据学生学科知识和
生活经历的积累而确定。在课程标准中，这种类型同"综合与实践"
领域相对应。

2. 单元学习主题的主要类型

根据上面的分析，初中数学单元学习主题的类型主要有这样几种：

---

① 吕世虎，杨婷，吴振英. 数学单元教学设计的内涵、特征以及基本操作步骤［J］.
当代教育与文化，2016（4）：42.

（1）以数学课程中的核心内容为学习目标的单元学习主题——核心内容类。

核心内容类单元学习主题，一般是选择核心内容，这些核心内容主要是基于教材的一个完整的自然章节或自然章节的一部分，也可以是跨教材章节的组合。这样的单元学习主题以数学核心内容为主要线索，将相关内容根据其逻辑关系和本质联系加以组织整合，同时考虑学生学习的可接受性等因素，从而恰当地形成一个完整的学习单元。如函数是初中数学的核心概念，学生通过对一次函数、二次函数、反比例函数的研究，不仅要掌握这些重要的初等函数的性质，更为重要的是要体会函数的概念以及研究函数的基本方法和策略，为今后研究函数提供可迁移的学科方法。因此，我们可以把"函数"作为一个单元学习主题。本书第四章中的案例二《探究新函数》的教学内容就是"函数"单元下的一个小单元，这个小单元很好地促进了对函数研究方法目标的达成。再比如，勾股定理、一元二次方程等在教材内容的安排上，教材单元的主题就是核心内容，我们在进行单元教学设计的时候就可以将其作为单元学习主题。

（2）以体现数学核心知识之间的联系、蕴含在核心内容中的数学思想方法为学习目标的单元学习主题——思想方法类。

思想方法类的单元学习主题一般是在学生学习了一部分知识和内容后，以蕴含在其中的数学思想方法为主线，进行较为系统的梳理和反思，或者通过关注知识之间的联系，以知识为载体，以数学学科核心素养为主要出发点和落脚点，进行回顾的提升性的、综合性的单元主题设计。如"有理数"单元作为初中数学的起始内容，其核心知识是有理数的概念和有理数的运算，核心能力是运算能力。结合学生运算能力的表现——理解运算对象、掌握运算法则、探索运算思路、设计运算程式，学习目标的确定，不仅仅是要掌握有理数的概念和运算，更重要的是让学生通过学习，体会运算对象是如何产生的，运算法则是如何建立的，运算思路是如何探究的，运算程式是如何设计的，以便在后续研究其他运算和运算对象时能够进行类比和迁移。因此，可以将本单元的学习主题确定为"数的成长"。（参看第四章案例一《数的成长》）。再比如，在二元一次方程组的基础上以三元一次方程组内容为载体，学习理解消元转化方法，可以设计以"消元"为主题的单元教学设计。

（3）以综合运用知识解决实践性、挑战性问题进而发展问题解决能力为目标的单元学习主题——问题解决类。

问题解决类单元学习主题，一般选择具有较强的实践性、综合性的现实问题和具有挑战性的数学问题，以问题类型为主题，综合运用知识解决问题，以提升问题解决能力、提高数学学科核心素养为目标。如"统计与概率"单元的复习课，教师以"'红包'里的数学"为单元学习主题，通过问题解决过程引导学生自主经历统计的全过程——数据收集、数据整理、数据分析和问题决策；同时也较好地复习了统计的相关概念的意义，强化了数据分析观念。（参看第四章案例三《"红包"里的数学》）。

三、初中数学深度学习单元教学设计的特征

以单元学习主题为统领的深度学习教学设计与一般的教学设计不同之处在于它的整体性、深刻性和发展性。

1. 整体性

初中数学深度学习单元教学设计的整体性主要表现在两个方面。

（1）整体把握数学知识内容。初中数学深度学习单元教学设计是以初中数学核心内容、重要思想方法、解决问题策略等为主题进行的教学设计，这就决定了教学设计要从数学知识内容的整体性出发，并且往往从包含此单元主题的"大单元""中单元"的角度进行考量，整体考虑单元内容在课程标准中以及整个学段中的定位与要求。有了

整体的架构和设计，再将其变成一课时一课时的教学设计。因此，单元教学设计的整体性首先体现在对知识内容的整体把握上。

（2）整体进行学生学习活动的设计。学生的学习活动是实现教学目标、完成教学任务的具体途径。初中数学单元教学设计在单元整体思维的统领下，从单元教学的整体目标出发，统揽全局，将学生的学习活动的每一个环节、每一个层次都纳入整体单元教学设计的大系统中，而不是就事论事，孤立、片面地完成某一个具体的任务，或者片面地突出或强调某一点。

2. 深刻性

初中数学深度学习单元教学设计的一个重要目标就是要关注学生对学科内容的深刻理解，以及学生数学思维的深层次发展。因此，初中数学深度学习单元教学设计的深刻性可以体现为如下两个方面。

（1）对课程内容的分析和理解的深刻性。初中数学单元教学设计强调对学科本质的理解与体现，注重数学思想方法的获得，注重学生数学学科素养的发展。因此，进行单元教学设计首先考量的是单元知识内容的核心和本质，然后依次确定教学目标、设计学习活动、研制评价方案。

（2）学习活动的设计指向学生思维发展的深刻性。深度学习是使学生通过知识的学习学会数学地思考，获得提出问题、发现问题、分析问题、解决问题的能力，因此，学习活动的设计要有利于学生思维的发展，能够提升学生的思维品质。学习活动的设计要求学生思维的参与由浅入深、由低级到高级，使学生在学习活动中逐渐形成善于思考、判断、质疑和批判的习惯。

3. 发展性

初中数学深度学习的单元教学设计是一个整体化的教学设计，有些单元设计甚至是跨年级、跨章节进行的。因此，随着教师对数学知识内容理解的深入和教学实施过程的推进以及学生表现的变化，单元教学设计应该是不断改进和完善的动态发展过程。

（1）单元教学设计在实施过程中不断调整、变化，体现发展性。数学深度学习的单元教学设计中，单元学习主题确定后，单元学习目标随之确定下来，但是具体实施过程中会出现与以往教学设计不同的情况。"以单元为单位进行教学设计，会克服课时教学设计因留给教师调整教学方案的空间相对较小所带来的僵化性与机械性，进而可以留有充足的时间与空间去调整教学节奏，教师会针对前期教学中出现的问题或者涌现出的新想法，对原有的教学方案加以调整、完善。"①

（2）单元教学设计在实施后反思再设计中体现发展性。单元教学设计实施后，需要教师对单元的整体设计进行全面的反思——从单元主题的选择、目标的确定、学习活动的设计以及评价的标准等方面开展。这个过程是教学不断改进的过程，也是教师自身发展的过程。"单元设计不可能一蹴而就，也不可能一劳永逸。它是一个需要经历种种迷茫、困惑、冲突、感悟、发现、否定—肯定—再否定—再肯定的过程，据此产生新的变革、扩大、深化、再创造。"②

第二节　怎样进行初中数学深度学习的教学设计

依据初中数学深度学习的内涵和特点，初中数学深度学习的教学设计重点在于确定具有挑战性的学习主题和学习目标，通过设计恰当的问题情境和学习任务，组织深度探究的学习活动，以及设计持续性的学习评价方案。

---

① 吕世虎，杨婷，吴振英. 数学单元教学设计的内涵、特征以及基本操作步骤 [J]. 当代教育与文化，2016（4）：42.

② 钟启泉. 单元设计：撬动课堂转型的一个支点 [J]. 教育发展研究，2015（24）：5.

因此，进行初中数学深度学习的教学设计主要有四个基本要素：确定单元学习主题、明确单元学习目标、设计单元学习活动和研制持续性评价方案。在形成单元学习主题教学设计的基础上，开展以学生为主体的深度学习教学实践。（见下图）

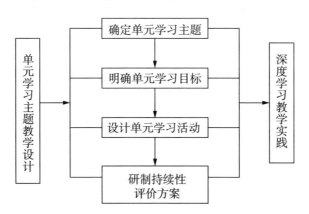

一、确定单元学习主题

在数学教学的实施过程中，教师根据教学展开的进度，在对课程核心内容分析和学生学习情况充分了解的情况下，确定单元学习主题的类型。一方面，单元学习主题的确定要以数学核心内容及其蕴含的思想方法和应用的分析为基础；另一方面，在确定单元学习主题的过程中，教师对主题的分析、认识和理解又为恰当进行深度学习设计、落实教学目标提供了支持。

前面我们已经对单元学习主题的类型进行了归纳分析，因此在实际的数学教学中，我们需要在不同教学阶段，面对不同的教学内容及学生学习的不同需求，选择适当的教学内容进行单元学习主题教学设计。如果面对的是数学的核心内容的教学，就要考虑如何对教材中的核心内容进行适当的分解或整合——是在自然章节的内部进行分解，还是需要跨章节进行，以使单元相对完整、主题突出；如果面对的是思想方法类或综合性问题解决类的探究学习，就要分析清楚单元的价值所在，以便确定清晰、明确的单元学习主题。

（一）基于数学核心内容的分析确定单元学习主题

新知识的学习是数学教学中比重最大也是非常重要的。在新知识的学习中，要关注初中数学课程中的核心内容，以及蕴含在核心内容中的数学思想方法，进而提出培养学生数学学科核心素养的教学设计。数学核心内容是数学学科的重要内容，它反映数学的基本问题，并具有稳定的内容结构。核心内容起到作为中心联系学科中各部分的纽带作用。初中数学课程的核心内容有三个基本特征：第一，从数学知识的角度看，必须是对今后进一步的数学学习和课堂之内的数学应用来说都重要的内容；第二，它们在数学课程和教材中处于重要的、不可或缺的基础和主干地位；第三，必须能将以前学过的数学知识和以后将要学习的数学知识有机地联系起来。

例如，在初中的"数与代数"领域中，数及其运算、字母（式）及其运算都是数学的核心内容。整体来看，这可以看成一个大单元，当然，也可以分开来看成两个中单元，它们自始至终贯穿于整个初中的数学课程。对于这样的核心内容，教师在理解课程内容时应该从以下几个方面去把握。

第一，要帮助学生搞清楚运算的对象。在初中阶段运算对象主要有两个：一个是数，包括小学学过的自然数、分数和初中拓展的有理数、无理数组成的实数，让学生了解在这些不断扩大的数的范围过程中，是运算在追求可逆性和封闭性的结果。另外一个运算的对象就是表示数的字母（式），各种代数式的概念和运算也可以类比数的概念和运算进行迁移。

第二，要不断理解和认识运算的背景和意义。如为什么要做加法，为什么要做减法，为什么要做乘法或除法，等等。只有不断理解运算的含义，才有可能灵活运用这些运算来帮助解决问题。

第三，要理解运算法则。不仅要教给学生运算的法则，而且要帮助学生去体会制定这些法则的意义和合理性。理解运算法则实际上就是运算中进行逻辑推理的基础。

第四，要在解决实际问题中恰当运用运算，或者能够找到更为简洁的运算途径。

第五，要能够理解除精确的运算外，还有估算或逼近的概念，学生应该具有估算的意识和能力。

对于这样的核心内容，我们在有了整体认识的基础后，就可以在具体实施中进行单元主题设计了。例如，在"有理数及其运算"的单元教学设计中，教师可以在充分考虑了本单元内容的学科本质和地位的基础上，将本单元的内容放在更大的范围（数、字母及其运算）内进行考虑，实现对课程内容的整体认识和把握，关注学生数学素养的提升，以期实现深度学习。

北京市海淀区教师进修学校附属实验学校的周海楠老师等对确定"数的成长"单元学习主题的分析如下。①

案 例 链 接

从《标准（2011 年版）》角度看，数学是研究数量关系和空间形式的科学，"数"无疑是数学中最基本的概念之一。"有理数"单元作为初中数学的起始内容，其核心知识是有理数的概念和有理数的运算，核心能力是运算能力。

如下页图所示，"数的成长"是运算完善的过程，新的运算对象的产生，解决了原数集的某些矛盾，研究对象之间的关系，产生新的运算法则，数集随之不断扩充。加法运算是四则运算的基础，同加数相加的运算就是乘法运算，同因数相乘的运算就是乘方运算。当出现小数

---

① 该案例片段取自第四章案例一，更多内容可参见完整案例。

减大数的时候，运算结果将出现负数，引入负数实现了加法和减法的可逆性和封闭性；减法可以用加法来定义，减去一个数等于加上这个数的相反数。除法运算将出现分数，引入分数可以实现乘法和除法的可逆性和封闭性；除法可以用乘法来定义，除以一个数等于乘这个数的倒数。在这个过程中，数系经历了自然数系、有理数系、实数系和复数系等数系的发展和完善过程。

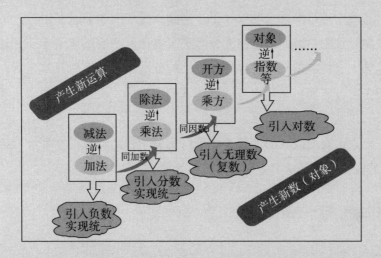

　　本单元基于培养学生的运算能力这一数学学科核心素养，以学生运算能力的表现（理解运算对象、掌握运算法则、探索运算思路、设计运算程式）为线索设计活动。

　　希望学生经历引入负数后探究有理数运算法则的过程，体会研究运算的一般思路和方法。如下页图所示，在式的学习过程中，用字母表示数，产生运算对象：单项式、单项式的加减法产生的多项式、除法运算产生的分式……。当运算对象从有理数到实数、整式、分式、根式不断成长时，希望学生在新的问题情境下能够根据研究式运算的基本方法和策略，创造新的运算对象和运算法则，发展学生的创新能力，使得数的成长在知识上具有可持续性，研究方法上具有可迁移性。

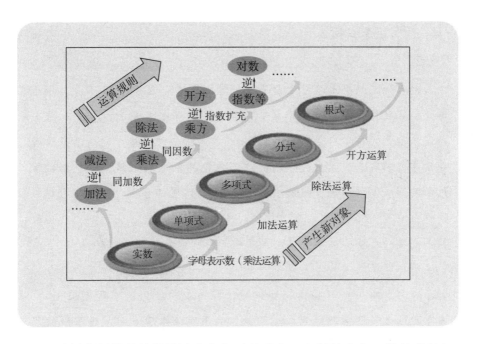

从周老师等的教学设计中我们可以看出，之所以确定"数的成长"为这个单元的学习主题，主要是从运算的角度看待有理数的产生，并将数的产生过程及方法进行迁移，整体把握所学习的数的体系结构。这样确定的单元学习主题以数的运算为主要学习对象，通过数的运算法则、运算思路等活动，体会运算的一般性的思路方法，并在式的运算中得以迁移，进而在更多的问题情境中拓展运算对象、运算法则，不断发展运算能力。周老师不是仅仅将本章的学习一节一节展开、以有理数的运算为主要学习内容，而是从含义更加深刻的运算能力的内涵出发，着眼于学生从对数的运算的理解迁移至对代数式的运算的学习，很好地体现了深度学习的理念和目标。

轴对称与平移、旋转既是图形存在的一种状态，又是研究图形性质的一种动态方法，三种变换一起构成的全等变换是初中数学的核心内容之一。对于全等变换中轴对称这个内容的主题确定，这里有如下的案例。①

———————————

① 案例设计者：北京市海淀区教师进修学校附属实验学校的蔡璐颖、金成豪、黄冰、于蕾、张立伟、刘彦杰。

案 例 链 接

　　最初确定的单元学习主题是"轴对称中的变与不变"，希望体现数学是研究数量关系和空间形式的科学，不断探寻其中的规律，而且突出了本单元的核心内容"轴对称"，这样也能够统领本单元。后来结合深度学习的理念，以及数学学习"不仅包括数学的结果，也包括数学结果的形成过程和蕴含的数学思想方法"，体现"学习过程和学习结果同样重要"，实现学生的数学知识和技能、数学思考、问题解决能力和情感态度的发展，最终将单元主题确定为"以轴观图，以轴看点"。这一主题体现了数学的学习是一个过程，在这个过程中学生经历动手操作、观察、发现、形成猜想和证明，提高抽象能力和直观想象能力。本单元通过合情推理探索数学结论，运用演绎推理证明演绎推理的思路源于图形的变换，轴对称的"对称轴"是"源"，演绎推理证明是它的"流"。在独立思考的基础上，让学生有条理地思考，比较清晰地表达自己的思考过程和结果，发展思维。

　　诚然，数学教材编写的自然章节一般都是以数学核心内容为主要线索形成的，因此，基于数学教材自然章节的单元主题教学设计是开展深度学习的重要形式，但是抓住主题本质、揭示主题内涵是教学设计的重要环节。

（二）基于学生思维和能力的发展需求确定单元学习主题

　　数学课程内容螺旋式编排的特点，决定了学生在学习的过程中要反复接触基本的概念与原理，用基本的、一般的概念来不断扩大和加强对知识的理解。一般来说，在数学学习内容整体框架中处于承上启下地位的课程内容，在知识体系中处于起始地位的课程内容，与知识体系中其他内容关联度较大的内容，都属于数学学科的核心内容。针对这些内容进行重组、编排、改造和拓展，有利于学生掌握数学学科基本的原理和方法，进而实现知识的应用和能力的迁移。

以函数内容为例。函数可谓初中阶段同样也是高中阶段的核心内容。在初中阶段，函数内容的学习主要有一次函数、二次函数和反比例函数，而且教材的编写采用的是螺旋上升的方式，分不同的阶段学习不同的函数，逐渐使学生理解和把握函数的内涵和本质。

学习函数，要让学生经历建立数学模型的过程，要学会用函数这个模型描述现实世界，用模型这样的数学语言进行表述，同时，也要让学生掌握研究函数的一般方法。那么，在学习了一个个具体的函数及其性质研究的基础上，如何让学生对研究函数的方法进行提炼并将其上升为研究函数的较为一般的方法呢？北京市十一学校龙樾实验中学的刘晴老师和中国人民大学附属中学北京经济技术开发区学校的王艳平老师对"探究新函数"教学单元进行合作开发，以函数相关知识的探究学习方法为主线进行系统设计，将信息技术融入其中，从而为加深学生认识理解函数的内涵和研究方法起到了积极作用。确定该单元学习主题的分析如下。[①]

案 例 链 接

函数是初、高中数学的重要衔接点，初中阶段函数的概念、一次函数、二次函数、反比例函数是对函数知识的初步认识。在高中阶段，学生还将在此基础上，学习指数函数、对数函数、幂函数、三角函数等。虽然研究对象不同，但研究函数的方法却是相同的，因此，在初中阶段掌握研究函数的方法为高中函数的学习奠定了重要的基础。

---

① 该案例片段取自第四章案例二，更多内容可参见完整案例。

用函数的观点看方程、不等式，体现了函数在初中代数中的重要地位。

《标准（2011年版）》和《普通高中数学课程标准（2017年版）》都对信息技术在中小学数学课程与教学中的地位和作用进行了明确的阐述，指出现代信息技术的广泛应用正在对数学课程内容、数学教学等产生深刻的影响，提倡利用信息技术来呈现传统教学中难以呈现的教学内容。

函数图象是研究函数性质的直观载体，从图象上可以观察函数的变化规律，整体上把握函数性质，但是难以深入局部和细节。而通过函数的解析式可以对函数的性质进行细微的"解读"，但很抽象，不直观。本单元主要是把函数图象与解析式结合起来，研究函数特征，体现了数形结合思想。正像著名数学家华罗庚先生所说："数缺形时少直观，形少数时难入微；数形结合百般好，隔离分家万事休。"数形结合的优势体现于此。

再如，学生在探究了三角形、四边形的性质和证明的基础上，已经积累了一定的推理和证明的经验，设计具有挑战性的学习任务以提升学生的逻辑思维水平和能力，就成为单元学习主题确定的缘由。"猜想、证明与拓广"正是宁夏回族自治区银川市回民中学的李慈秀老师基于这样的思考确定的主题。该主题教学设计以三角形、四边形的性质探索为线索，综合运用方程、函数等知识，逐渐经历对图形性质问题的拓展过程，将思考、推理、证明不断引向深入。①

———————————

① 该案例片段取自第四章案例四，更多内容可参见完整案例。

案 例 链 接

　　本单元学习主题取材于北师大版教材九年级上册"综合与实践"中的"猜想、证明与拓广"。依据《标准（2011 年版）》对"综合与实践"的定位，它是以问题为载体、以学生自主参与为主的学习活动，它有别于学习具体的学科知识的探索活动，更有别于课堂上老师的直接讲授。它是教师通过问题引领学生全程参与，学生实践过程相对完整的学习活动，这就要求学生具备一定的数学活动经验和综合应用数学知识解决数学问题以及实际问题的能力。

　　本单元学习主题是围绕中心课题通过一系列具体的问题逐渐展开的，引导学生分类研究，由特殊到一般，启发学生发现更具有一般性的结论，寻求一般性的解决方法；培养学生直观"判断"和正确"猜想"的能力，并配合一定的形式说理，在交流个人想法中拓展思维。对猜想要先"检验是否存在"，再"由特殊到一般"给出一般性的证明。由"倍增"再到"减半"的拓广，帮助学生总结获得的数学知识和策略性经验，让学生体会证明的必要性和发展学生的推理能力。教学要突出学生的自主探索、合作交流，让学生能自行找到解决问题的方法更好。

　　本单元学习主题具有开放性、研究性，主要意图不在于让学生回答一些具体问题，而是要提供一个思考、探究的平台，在活动中体现归纳、综合和拓展的能力；让学生感悟处理问题的策略和方法，积累数学活动的经验。

　　学生在以往的学习中，已经经历了大量从特殊到一般的具体实例，并且在三角形和平行四边形的学习中，积累了有关猜想、证明的经验、思想和方法，具备了几何证明及探究的能力。在学习了"一元二次方程"后，会利用根的判别式判断根的情况，并利用配方法或公式法求解一元二次方程，也积累了一些列一元二次方程解决几何问题的实际经验。学生还经历了从现实世界抽象出函数模型——一次函数和反比例函数的过程，并对这两种函数的图象、性质有了一定的认识，也能利用这两种函数解决一些实际问题。但是学生在面对复杂问题的分析过程中，缺乏将所学数学知识进行综合应用的能力，缺乏将数化形或形化数的能力，尤其是从未经历过综合应用一元二次方程、方程组、不等式、函数等知识的过程，这无疑是对学生的一大挑战。

任课教师对学生思维发展的需求分析，既是确定该单元学习主题的背景，也是确定单元学习主题目标的基础。

二、明确单元学习目标

（一）对单元学习主题的多维度分析是明确单元学习目标的基础

对单元学习主题所涉及的内容进行整体分析是确定单元学习主题目标和单元学习活动的基础，也是实现深度学习的重要环节。与一般教学设计的不同之处也将在这个环节体现出来。

1. 单元内容整体分析

（1）单元内容的学科分析。

初中数学深度学习关注的是对核心内容的本质把握，以及依托数学核心内容对学生素养的发展。在确定单元学习主题后，要对本单元内容的数学本质、蕴含的数学思想做进一步分析。在这一过程中，一定要从大处着眼，从单元的整体出发，分析该单元内容在数学学科和数学课程中的地位，或者本单元内容在其所在的领域（如"数与代数""图形与几何"等）中的地位。

以"轴对称"单元为例，轴对称变换（数学上一般称为直线反射变换）作为全等变换的一种具体形式，是保持两点间的距离不变的几何变换。在《标准（2011年版）》中，以"图形的变化"为主题的大单元主要涉及了全等变换、相似变换和图形的投影。（见下图）首先，在整体了解课程标准中几类变换的基础上，可以对"轴对称"单元有进一步的了解，即轴对称变换作为全等变换的一种，除了保证图形变换前后的全等关系外，还具有自身的特性：对应点的连线与对称轴垂直且被其平分……

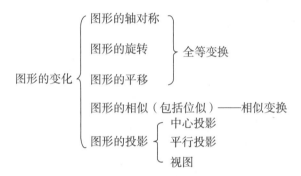

其次，通过图形在全等变换过程中的不变量（线段长度、角的大小、图形的面积等），可以对图形性质进行研究，这成为研究图形性质的一种重要途径。

最后，我们还可以对现实中的图形从对称的角度进行观察和欣赏，也可以利用对称关系设计图案等。

（2）单元内容的课程标准及教材分析。

从课程标准的角度对单元内容进行分析，可以更直接地、准确地把握对单元学习内容的目标定位和要求，同时还可以对数学核心内容之间的关系以及本单元各部分内容之间的关系进行分析。

教材分析主要包括分析单元内容与相关内容安排的逻辑关系，关注教材对单元内容设计的整体思路，关注教材在概念引入、问题情境设计、问题提出等方面的意图，分析例题、习题设计的典型性、层次性，等等。

"数的成长"（"有理数"单元）的课程标准与教材内容分析如下。①

案 例 链 接

从单元内容角度看，本单元核心知识是有理数的相关概念和有理数的运算，可以概括为：

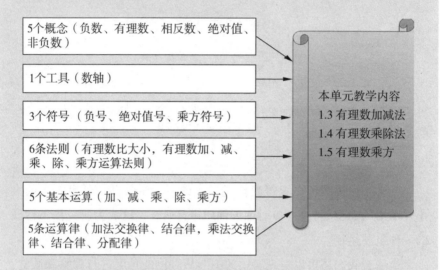

5个概念（负数、有理数、相反数、绝对值、非负数）

1个工具（数轴）

3个符号（负号、绝对值号、乘方符号）

6条法则（有理数比大小，有理数加、减、乘、除、乘方运算法则）

5个基本运算（加、减、乘、除、乘方）

5条运算律（加法交换律、结合律，乘法交换律、结合律、分配律）

本单元教学内容
1.3 有理数加减法
1.4 有理数乘除法
1.5 有理数乘方

通过实际例子引入负数，会用正、负数表示实际问题的数量，从真实生活走进符号世界，培养学生的数学符号意识。感受负数的产生既是生产生活的需要，用以刻画现实世界中具有相反意义的量，又是数学自身将数集扩充为有理数集的需要，用以解决数集与运算封闭性的矛盾。

负数的引入产生新的研究对象——有理数，从数与形两个角度研究有理数；能用数轴上的点表示有理数，能比较有理数的大小；借助数轴理解相反数和绝对值的意义，掌握求有理数的相反数与绝对值的方法，知道 $|a|$ 的含义，培养数形结合的能力。

---

① 该案例片段取自第四章案例一，更多内容可参见完整案例。其中关于课程标准对"有理数"单元的要求见前文所示，此处略。

新的对象促使新的运算产生，新的运算又促使新的运算对象产生。学生经历探究有理数运算法则，掌握有理数的加、减、乘、除、乘方及简单的混合运算，理解有理数的运算律，能运用运算律简化运算，能运用有理数的运算解决简单的问题，初步体会研究运算的一般方法。

再如，"图形的变化"是《标准（2011 年版）》中"图形与几何"中重要的内容，但我们面对其中的某些单元内容时，如"轴对称"，基于课程标准和教材的分析会让设计者全面把握单元内容。

关于轴对称的基本性质，课程标准要求通过"探索"得到，即通过观察、测量、画图等方法去发现这些性质，而不是单纯地把这些性质作为现成的结论呈现出来。进行这样的探索活动，有助于学生感受图形运动变化过程中的不变量和不变关系，从而为运用图形运动的方法研究图形性质奠定基础。通过运用图形的变化进行图案设计的活动，既可以加深学生对图形对称性的理解，又能激发他们的学习兴趣，让他们感悟数学的美及其应用价值。关于坐标与图形运动，课程标准要求"在直角坐标系中，以坐标轴为对称轴，能写出一个已知顶点坐标的多边形的对称图形的顶点坐标，并知道对应顶点坐标之间的关系"①。这实际上是将图形的轴对称变换与点的数量刻画联系起来，也体现了数形结合的思想。因此，从课程标准的角度看，"轴对称"单元的内容要求如下页图所示。

北京市海淀区教师进修学校附属实验学校的蔡璐颖等老师从教材的设计和安排角度进行分析，认为："轴对称"单元的学习是在"图形初步、相交与平行（平移）、三角形、全等三角形"基础上开展的。本单元的主要内容在生活中涉及广泛，可以借助生活中的图形、实物，通过观察、操作等活动探索轴对称的基本性质，感受图形变化过程中

① 中华人民共和国教育部 . 义务教育数学课程标准：2011 年版 [M]. 北京：北京师范大学出版社，2012：39.

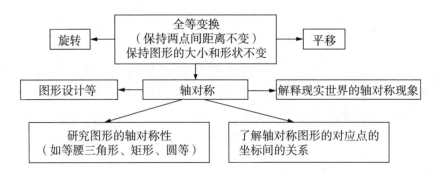

的不变量和不变关系，发展学生的空间想象和推理能力，不断提高抽象水平，对图形的研究线索越来越清晰，认识角度增加，研究方法趋于系统，对已学全等三角形是再认识，对图形的平移变化是类比迁移，对后续学习相关的图形如矩形、菱形、正方形和圆等是学习方式的改善和调整。因此，本章的学习对发展学生思维有重要的意义。

用下面的结构图可以表示对"观图想轴，以轴看图"单元学习主题的整体分析。

从课程标准和教材的角度对单元内容进行的分析，使单元学习目标的确定以及单元内容的组织和学习活动的设计有了重要的依据。

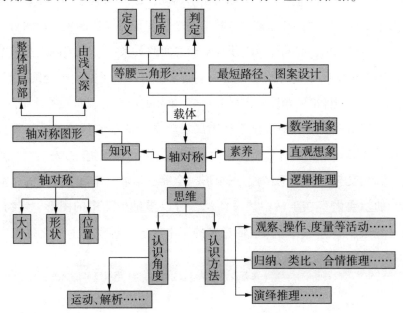

2. 学生情况分析

对学生已有知识、经验、能力等进行分析，了解学生的认知状况和知识习得情况，是确定目标和设计学习活动的又一重要依据，也是有效进行单元学习主题的重要保障。尤其是数学的核心内容，往往是具有一定抽象程度和较高数学思维含量的，因此，可以多方面、多种形式了解学生情况。教师一般会根据自己的教学经验对学生在学习某单元内容过程中出现的问题加以分析，还可以采用其他形式对学生有更多的了解，以便把握学生在学习新知的过程中的基础、困难点、生长点。例如，在开展单元内容学习之前进行个别访谈、问卷调查、测试等。

在进行"数的成长"单元设计时，教师对学生的情况做了如下的分析。①

案 例 链 接

从学情角度看，数及其运算是中小学数学的核心内容。经过小学的学习，学生已经历从日常生活中抽象出数的过程，能够认识正整数、零、分数和小数，并理解分数、小数、百分数的意义。在生活中认识了一些可以用负数表示的量，如温度、电梯的楼层。学生能够进行正数和0之间的四则运算。但这种认识常常流于经验的层面，根据生活经验认识数量的关系，得到运算结果。例如，设计卖气球的情境——15个气球卖了9个，还有几个气球？以此来理解15-9的运算。对于引入负数后的运算法则缺乏理性的认识，不能解决所有有理数的运算问题。

① 该案例片段取自第四章案例一，更多内容可参见完整案例。

虽然小学阶段学生已经接触了负数，有了一定的感性认识，但负数概念的建立仍然是学生学习的障碍点。通过学习，学生不断认识负数，不断体会"–"的三种意义：①运算符号；②表示一个数的性质的符号；③表示一个数的相反数的符号。

学生将经历5个环节的学习，逐步加深对于负数的认识。（见下图）

第1次，负数的概念的学习，理解负数表示具有相反意义的量；

第2次，数轴的学习，理解负数表示的点位于数轴的原点左侧；

第3次，相反数的学习，理解a的相反数是$-a$；

第4次，绝对值的学习，理解负号表示一个数的性质符号；

第5次，有理数的运算学习，理解负号不仅可以表示性质符号，还可以表示运算符号，加、减、乘、除、乘方运算都要先定号再定值。

教师通过多年的经验对学生的了解是可贵的，但随着学习方式的改变，教师对学生学习过程的认识还应该有更多的方式，尤其是在深度学习中，对学生思维层次的了解需要通过更具体的问题测试等方式加以了解。

（二）初中数学深度学习目标的维度和特点

基于单元学习主题的深度学习目标包括两个维度：单元学习目标和课时学习目标。单元学习目标是指本单元在学科内容领域上所要达成的整体目标。课时学习目标是针对单元学习目标的具体化、序列化的纵向上的分解。

初中数学深度学习目标的特点主要体现在几个方面：

（1）从单元内容整体出发，将单元各部分内容有机联系从而确定本单元学习的总目标，而不是孤立地面对知识点来确定指向知识技能的学习目标；

（2）数学深度学习目标关注学科本质，指向学生对学科本质的理解、数学思想方法的感悟、思维能力的发展、学科素养的提升，包括对数学概念、数学事实、数学法则和规律等的理解和探究过程；

（3）数学深度学习目标表达明确，对结果性目标、过程性目标明确表述，并能够将二者有机结合，这样就避免了单元目标的泛化。

㈎ ㈍ ㈗ ㈏

"数的成长"单元学习目标如下①：

（1）学生经历从具体情境中抽象出数学符号的过程，能从多个角度说明负数引入的必要性，能够阐述有理数与相关对象（整数、分数、数轴、相反数、绝对值）之间的区别和联系，学生经历有理数分类的过程，培养分类讨论能力。

（2）学生结合生活经验，利用数轴等工具，经历多角度探究、归纳、总结有理数加、减、乘、除、乘方运算及运算律的过程，提高运算能力，感悟研究运算的一般方法，体会数系及运算"成长"的规律和方法。

（3）学生经历探究有理数运算的过程，初步形成自我研究问题的意识，能够对研究其他运算进行方法的迁移。如通过字母表示数建立代数式，体会数式运算的研究方法策略。

由此可以看出，单元学习目标的几个特点在上述目标描述中是如何体现的。

---

① 该案例片段取自第四章案例一，更多内容可参见完整案例。

（三）确定初中数学深度学习目标的基本思路

1. 确定单元学习目标

在具体设计单元学习目标时，我们基于对单元内容的整体分析，依据课程标准对单元内容的要求，结合学生学习的具体情况，尝试回答这样几个问题：

在本单元核心内容的学习过程中，会让学生经历怎样的高阶思维的过程？

哪些数学思想方法蕴含在本单元核心内容中？

哪些核心素养可以通过本单元内容的学习使学生得以发展？

......

对这些问题的思考与回答，以及由此形成的单元学习目标，是与以往我们只有一个个具体的课时学习目标的最大区别。

"数的成长"这一单元经过如下的整体分析，确定了单元学习目标。①

案 例 链 接

运算能力的内涵是理解运算对象、掌握运算法则、探索运算思路、设计运算程式。（见下页图）希望通过本单元学习，学生能够基于生活经验和运算正确理解新的运算对象有理数，掌握有理数的加减乘除运算法则，清楚运算过程中的算理，能够灵活运用法则进行计算，体会算

---

① 该案例片段取自第四章案例一，更多内容可参见完整案例。其中单元学习目标见前文所示，此处略。

法的普遍性和多样性，能够合理利用运算律寻求简洁的解决问题的途径，简化运算，在新的问题情境下能够创造新的运算对象，创造新的运算法则，设计运算程式。

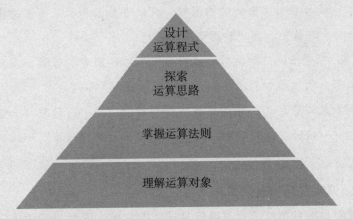

在设计单元学习主题"观图想轴，以轴看图"的单元学习目标时，有如下的分析过程。

本单元学习内容以轴对称变换及其性质为知识基础，通过轴对称研究图形性质，以轴对称眼光看待周围的图形世界，培养学生的直观想象、逻辑推理和数学抽象等核心素养。

通过轴对称性发现并确认图形的一些性质，有助于学生发展几何直观能力和空间观念，有利于学生提高研究图形性质的兴趣，从中体会研究图形性质可以有不同的方法。图形的运动、变化也常常是探究证明思路、寻找证明方法的重要途径。在学生观察图形、实验、猜想、证明的过程中，对推理能力的发展也被融合在其中。本单元的内容与生活有着紧密的联系。比如，房屋的装饰、地面图案的设计、剪纸等，此外，还有对日常生活中的一些最短路径问题的探究活动。学生参与这样的活动，能切实体会数学应用的广泛性和数学的价值，逐步学会用数学的眼光看世界，从而不断发展应用意识。因此，本单元学习目标确定如下。

（1）结合生活中的现象了解轴对称、轴对称图形概念，发展抽象意识；探索轴对称性质；类比角平分线探索线段中垂线的性质、判定条件并进行推理论证；

（2）能按要求画出轴对称图形，从位置关系和数量关系的角度刻画轴对称，渗透坐标思想和图形变换思想；

（3）探索及能借助轴对称性质得出轴对称图形（等腰三角形、等边三角形）的性质和判定条件，并解决简单的实际问题；

（4）能综合利用轴对称性质解释和解决生活中的问题（如最短路径问题——转移线段），能用三种语言清楚表达思考过程（形式）。

2. 课时目标的确定

课时目标是在单元学习目标基础上制定的，课时目标的确定应该在单元学习目标的统整下进行有机的划分。随着课时的展开，课时目标的累积指向单元学习目标。

课时目标具有基础性。数学的基本概念、基本原理等基础知识、基本技能需要在具体的课时目标中达成，但在单元学习目标的统领下，这些基础性目标又是指向单元学习大目标的，它隐含在单元学习目标中。

课时目标具有发展性。课时目标之间、课时目标与单元学习目标之间，都具有递进关系。因此，课时目标的确定一定要注意这些联系，要用发展的眼光确定课时目标，而不只是就事论事。

课时目标具有可操作性。课时目标与教学活动相匹配，定位准确、集中，要便于理解和把握，对于不同认知特点的学生，在设计课时目标时也要关注不同水平的目标。课时目标还要充分考虑学生学习的难点问题是什么，以及如何在不同的课时中逐渐解决难点问题。

案 例 链 接

"观图想轴，以轴看图"前两个课时（轴对称）的课时目标为：

（1）认识和欣赏自然界和现实生活中的轴对称图形，了解轴对称图形和两个图形成轴对称的概念；

（2）通过具体事例认识轴对称和轴对称图形，探索轴对称的基本性质，确定探索的方向和角度，体会由具体到抽象认识问题的过程，体会类比平移性质进行概括和归纳轴对称性质对研究数学问题的作用；

（3）能选择一定方式（如对折方式）、有依据地辨别轴对称图形，能依据轴对称性质画出对称轴。

三、设计单元学习活动

针对我们对内容的分析和目标的确定，接下来就是确定具体的实施方案、明确学习任务、设计相应的学习活动。单元教学活动的设计，首先要在确定的教学目标的基础上，对所选的单元教学内容进行全面系统的分析，梳理单元知识内容的关键点、知识之间的内在逻辑联系，依此对单元内容进行科学、合理的整合，设计体现内容本质的、指向单元目标的、适宜的问题情境、学习任务、活动内容。

（一）设计引发学生深度思考的问题情境

学习活动应该围绕单元学习主题具有一定的挑战性，可以以问题的提出或解决为主要线索，整个单元可以是一个大的学习活动或统领全部内容的问题情境，也可以是几个不同问题。基于学生已有的学习和生活经验、数学知识来设计具有现实背景或数学背景的问题情境，在对问题的探究中让学生经历从具体到抽象，以运算与推理、几何直观、数据分析和问题解决等为重点的思维活动，在概念的理解、命题的探究、问题的解决过程中引发认知冲突，形成对研究对象的深度理解。在学习活动的设计中，要关注将学生所学知识迁移到新的问题情境中的机会。

问题情境的设计与选择，要体现数学的本质，避免"大情境、小问题"，问题情境要有较大的探究思考空间，使学生有更多的参与机会。

（二）学习活动的设计要从学情角度考虑

设计深度学习的学习活动时，教师要分析学生的学习起点、学习能力、学习水平，依据单元内容的关键点、知识之间的内在逻辑联系，选择合适的教学模式来整体组织、设计单元教学内容。在对内容进行具体组织时，还应依据学生的现实水平和条件，对知识内容的数量、范围、深度、难度进行调整，或对内容呈现的顺序和进度进行重新组织，使得整个单元的内容更能满足学生不同的学习进度和学习方式等需求。

学习任务是学生参与学习的重要载体和平台，以"学习任务"为线索承载学习内容是可借鉴的设计方式。将一个教学时间段的主要教学内容划分成若干个学习任务，并在每个学习任务中提示出任务目标、可采用的学习方法、可寻求的帮助、建议完成的时间以及发展性学习内容等，学生可采用适切的学习组织形式，结合自己的实际水平，自定速度，自选方法来完成学习任务。学习任务要体现策略解决的多样性，要赋予学生独立学习的空间，要渗透学习方法和过程的指导。

学习任务的设计一定要基于学生已有的基础，可依据学生的差异带有一定的可选择性。学习任务不易过大或过小，应是学生独立或合作能够完成的；每个教学时间段内的学习任务也不宜过多，每个学习任务中应留有学生个体调整和反思的空间。

在"数的成长"单元设计的"有理数的减法"课时中，教师设计了下面的学习活动，既与前面学习的有理数加法有联系，又自然地引出了有理数减法的运算需求，而且减法的运算法则也因为学生有生活经验而能够自己揭示和获得。①

---

① 该案例片段改编自第四章案例一，更多内容可参见完整案例。

案 例 链 接

问题情境：观察三亚（见下面左图）和北京（见下面右图）在2月份同一周的天气预报，你能得到哪些信息？

学生活动：（1）计算每天的温差；（2）计算一周的平均气温；（3）分析气温的变化趋势； （4）比较大小：哪天的温度高，哪天的温差大；（5）通过比较北京与三亚的气温，了解三亚和北京的地理位置、气候特点。

（三）针对不同类型的单元学习主题设计不同的学习活动

对于不同类型的单元学习主题，学习活动的设计的特点也会有所不同。

（1）核心内容类单元中，学习活动应关注基本知识的掌握，并在问题的设计上将知识的学习引向深度的理解和思考，引向高阶思维。

（2）思想方法类单元的学习活动设计，往往指向知识间的联系、解决问题方法的提炼与迁移。

在单元学习主题"红包里的数学"中，单元的主要内容是统计知识、统计思想方法的总结与提升。教师设计的学生活动也很有针对性。[①]

案 例 链 接

师：大家发过红包吗？你在春节期间发了多少钱的红包呢？我们来做个调查吧。（为即时获得数据，可以使用"问卷星"将以下问题制

---

① 该案例片段取自第四章案例三，更多内容可参见完整案例。

作成问卷，并推送到师生的班级微信群里。）

调查问题：查阅一下，你春节期间发出红包的钱数是＿＿＿＿。

这样一个学生参与度很高的调查活动，引出了数据收集、用样本估计总体等一系列统计中的核心概念、重要思想，以及学生需要继续完成的学习任务。

本课时最后的学生活动又一次与前面呼应，也使学生的思维达到更高的层次。①

案 例 链 接

师：说了这么多，我们也来抢一次红包吧！

（抢红包后的数据显示在屏幕上。）

师：这也是一个收集数据的过程。课下请将这些数据进行适当的整理：可以借助计算机画出合适的统计图，计算反映其集中趋势和离散程度的统计量，并对结果进行分析。如果仔细观察，大家还会发现这组数据中每个数据都是随机的，但整体分布又是有规律的，这正是我们下节课要复习的概率知识的核心思想。

再如，在思想方法类的"探究新函数"单元学习主题的设计中，设计者设计了层次不同的两组学习探究活动（见下页图），以达成本单元学习主题的核心目标——发展学生研究函数问题的思路与方法，发展学生的抽象思维能力。

（3）在问题解决类单元中，学习活动的设计应具有开放性、挑战性，为学生提供更多的深度思考和探究的空间，使学生能够综合运用

① 该案例片段取自第四章案例三，更多内容可参见完整案例。

所学知识和方法，选择合适的路径和策略解决问题。

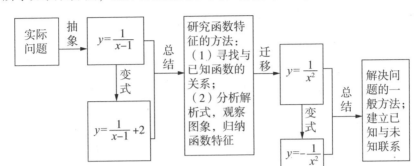

四、研制持续性评价方案

对数学深度学习的评价应与深度学习的目标相一致。对深度学习教学设计的评价应该关注教学设计时是否从大处着眼，而不是只局限在具体知识的传授和反复练习上；对学习活动的设计要关注所提出的问题是否有深度，是否能引起学生的认知冲突和促进高阶思维的形成。

持续性评价主要指向深度学习中对学生数学学习的全过程的评价，因此，评价方案要关注学生在整个深度学习过程中的表现及其变化。学生对问题的认识和理解以及应用都是有一定过程的，评价要持续关注学生参与活动过程中思维的变化、理解知识深度的变化、分析问题解决问题能力的程度。教师中流传一个词"堂堂清"，意为每节课要把所学内容全部掌握，然而这样的要求是不符合学生认知的规律的，也更多指向了知识记忆和技能训练。而深度学习所关注的整体性也恰恰为持续性评价提供了支持，它不是急于做出最终结果的评价，而是要重过程、重变化，呈现出阶段性、层次性、发展性。此外，还要注意以下的几个方面。

（1）单元教学评价要注重从整体上对学生的学习进行评价，而不是局部地、孤立地评价学生。因此，在设计单元教学评价时，要注重单元学习过程中的评价，尤其是对学生完成任务过程中的数学思维过程、思维水平的评价，在过程中与他人合作交流的情况的评价，解决问题的能力的评价，等等。

（2）设计单元教学评价要以"改进与发展"为导向，通过师生共同参与的诊断评价过程，让学生看到自己的进步，改进自己的不足，具有持续性，而非简单地进行考核与甄别。评价的主体包括学生、同伴、教师、家长等，主要对学生表现出的水平、状态、结果、态度等进行综合评价；而且评价可以是即时的也可以是累积后延时的，可以是诊断性的也可以是描述性的，可以是定性的也可以是定量的；而且评价不是游离于学习之外的，指导、学习、评价应是一体的。

（3）对学生在学习过程中呈现出的不同状态，教师要考虑不同学生的特点和个别差异，不以统一标准要求每一个学生，因人而异进行评价。对学习过程的评价应该伴随学生学习活动的始终，可以在面对学生个体时进行，也可以在面对学生集体时进行，评价内容可以指向学生的学习态度、学习方法、学习结果等。教师也要抓住教学时机，指导学生开展自我评价和小组评价，使学生对自己学习的反思有更多元的借鉴。

工 具 链 接

在函数内容的综合学习单元，教师制定了如下的评价指标体系。

项目综合评价量规

	评价等级及分值			得分		
	A	B	C	自评	组内互评	教师评
情感态度	（1）能积极参与学习活动； （2）探究问题的兴趣浓厚并持久； （3）遇到困难能积极想办法解决	（1）能参与学习活动； （2）对探究的问题兴趣一般； （3）遇到困难没有放弃	（1）被动地参与学习过程； （2）对学习探究的问题没什么兴趣； （3）遇到困难就轻易放弃			

续表

	评价等级及分值			得　分		
	A	B	C	自评	组内互评	教师评
学习能力	（1）能够自主学习，很好地完成学习任务； （2）勇于猜想和探究，能通过探究问题获取新的知识、技能和研究问题的方法	（1）能够在老师的引导下完成相应的学习任务； （2）能够参与探究的过程，获得一些新知识，不能很好地掌握研究的方法	（1）被动接受，缺乏自主学习的方法和能力； （2）不能完成相应的学习任务，没有掌握探究性学习的方法			
与他人协作的能力	（1）愿意参与到合作学习中来，积极开展合作学习； （2）能在分工的同时很好地帮助本组同学完成工作	（1）在合作学习中不够积极主动参与其中； （2）能在老师引导下帮助本组同学完成任务	（1）排斥合作学习，没有体现小组分工和协作的合作精神； （2）关注完成自己的工作			
探究结论	（1）能够根据活动中收集的信息，进行分析、归纳，发现问题，解决问题； （2）能够获得准确的结论，把结论清晰地表达出来	（1）能够根据活动中收集的信息，进行分析、归纳，能够发现其中一些问题并解决； （2）能够获得比较简单的结论，把结论表达出来	（1）对活动中收集的信息只能进行初步的分析、归纳，没有发现问题的意识； （2）不能很好地解决问题，难以获得结论或不能把结论表达出来			
信息运用能力	（1）学习了大量的信息技术（图形计算器或几何画板等）； （2）能对解决问题提供很强大的技术支持	（1）学习了一些信息技术（图形计算器或几何画板等）； （2）能对解决问题提供很少的技术支持	（1）只学习了很少的信息技术（图形计算器或几何画板等）； （2）不能对解决问题提供技术支持			

在"数的成长"单元中，教师设计了针对不同活动对学生进行过程性评价的标准，为教师的教学实施和教学效果检验奠定了基础。①

持续性/过程性评价的内容和要求

活动层次	活动内容	持续性/过程性评价
初始理解活动	结合小学对所学数的认识及正、负数的学习，请画出成长"数"	1. 能说出小学所学的所有数并举出实例； 2. 能结合所学的正、负数将数进一步分类并说明自己分类的依据； 3. 能根据自己对数的形成过程的理解，画出自己的成长"数"，并能说清楚分类依据
探究性理解活动	探究有理数的四则运算；思考小学的数的运算与初中的数的运算有何不同，初中的数的运算有何发展。举例说明	1. 能正确理解有理数运算法则，能多角度地对运算法则进行解释； 2. 能清楚实施运算中的算理，能认识到初中的运算是先确定符号，再算绝对值； 3. 能寻求简洁的解决问题的途径，体会算法的普遍性以及策略的多样性
终结性理解活动	用实际问题或数学背景，设计一种新的运算，研究它的运算对象、运算法则、运算律、运算程式	1. 能从身边提取实例研究问题； 2. 能类比有理数研究的思路和方法进行设计

---

① 该工具改编自第四章案例一，更多内容可参加完整案例。

第三章

初中数学深度学习的实施策略

初中数学深度学习的实施教师是关键。首先，教师应该对数学课程内容有整体的把握和理解，对核心内容有深刻的理解，对课程的目标有准确的把握，这样才能够整体把握数学课程核心内容，形成单元学习主题，在此基础上确定单元学习主题目标并设计指向主题目标的学习活动，实现深度学习。其次，初中数学深度学习的实施往往是教师团队集体完成的，教师的合作交流研讨为更好地认识和理解学科内容、设计学习活动以及确定评价目标打下基础。

第一节　教师怎样实施初中数学深度学习

单元设计的一个突出特点就是"整块"地进行内容的考虑与分析。单元学习主题的确定依赖对单元的确定，而只有对大单元、中单元的内容及其之间的关系有深刻的理解，才能对小单元内容有更好的把握，要在大单元视角下确定具体实施的单元学习主题学习目标，开展深度学习的活动。

对于教师来讲，树立大单元的概念是认识学科核心内容十分重要的一环，也是进行具体教学设计和教学实施的重要基础。但这也常常是教师们易于忽略的。

一、对数学课程内容领域的整体理解

初中数学课程内容由四部分组成：数与代数、图形与几何、统计与概率、综合与实践。除了"综合与实践"领域外，从知识的整体性的视角来看，它们都可以看成大单元。下面，我们就这三个大单元的核心内容和本质进行简要分析，为我们开展深度学习的单元主题教学设计奠定基础。

（一）"数与代数"的核心内容及本质

在初中的"数与代数"领域中，有两条基本主线。第一条主线是数、字母及其运算，它贯穿在整个初中的数学课程中。第二条主线是量、关系和模型，它不仅是初中数学课程内容的核心，也是高中及今后数学学习的重要内容。

我们可以从以下几个方面来把握第一条主线。

第一，要帮助学生搞清楚运算的对象是什么。在初中阶段运算的对象主要有两个：一个是数，包括小学学过的自然数、分数，以及初中拓展的有理数和无理数组成的实数；另外一个就是表示数的字母。

第二，要不断地理解和认识运算的背景和意义。如为什么要做加法，为什么要做减法，为什么要做乘法或除法，等等。只有不断理解运算的含义，才有可能灵活运用这些运算来帮助解决问题。

第三，理解运算法则。不仅要教给学生运算的法则，而且要帮助学生去体会制定这些法则的意义和合理性，理解运算法则实际上就是运算中逻辑推理的基础。

第四，在解决实际问题中恰当运用运算，或者能够寻找更为简洁的运算途径。

第五，应该理解除了精确的运算外，还有近似的运算，或者逼近的概念，学生应该具有估算的意识和能力。

第二条主线是量、关系和模型。在小学时，我们就有了"数"和"量"的概念，但常常不加区分地把它们说成数量。其实对于量的认识从小学就开始了，如测量等；到了初中，量之间的关系又成为关注的焦点，有量的相等关系、量的不等关系和变量间的依赖关系。在小学，通常是来解决一个一个的具体问题，而初中则是逐渐地学会抽象，一类一类地解决问题，因此也就提出了模型的概念，不等式、方程和函数都是描述量与量之间关系的有效的、重要的模型。因此，对于第二条主线，我们可以从以下几个方面来把握学生的学习。

第一，经历从算术到代数的过渡。从小学到初中，学生要经历从算术的特殊到代数的一般的抽象过程。这其中最重要的体现是用字母替代数。因为只有用字母替代数，才可以把一类问题用一个式子或一组式子表述出来。这事实上就是符号化的过程，也是数学抽象和模型思想的体现。

第二，理解方程和不等式等模型。方程和不等式是刻画现实世界中量与量之间关系的重要数学模型。方程在初中阶段主要是一元一次方程、一元二次方程和二元一次方程组，它们和方程的根或解、方程的解与系数的关系等在方程理论中也是最重要的基础。不等式主要是让学生体会不等量关系的刻画和描述。

第三，对于函数这个刻画变量之间关系的重要数学模型，首先要能识别常量和变量，也要理解常量和变量不是绝对的，而是相对的。不仅要帮助学生在具体问题中识别常量和变量，还要帮学生知道变量与变量间的依赖关系，即一个量的变化可能会引起另一个量的变化，这是对函数最根本也最重要的一个描述。函数是研究变化过程的规律的，而变量是支撑变化的基本概念的。

第四，经历建立数学模型的过程。学习方程、不等式和函数的一个重要目的就是要用这些模型描述现实世界，用模型这样的数学语言进行表述。在这样的过程中，学生会体会到数学的意义和价值，也会经历抽象、推理的过程，体会模型思想。

前面阐述的这两条主线是指导我们整体认识和理解"数与代数"大单元内容的关键。在认识这两条主线的同时，一定要联系提出的数感、符号意识、模型思想以及运算能力等《标准（2011年版）》中提出的核心概念，它们之间有着很大的一致性。

（二）"图形与几何"的核心内容及本质

分析"图形与几何"这个领域时，我们需要明确四个问题：第一，"图形与几何"领域要研究的对象是什么？第二，研究这些对象的什么性质，即研究什么？第三，如何来研究？第四，"图形与几何"的知识在现实世界中有怎样的应用？

关于第一个问题，初中阶段研究的图形都有哪些呢？我们可以从几个不同的角度来做划分。

首先是从维度上，在第三学段包含了一维图形、二维图形和三维图形。比如点、线段、直线是一维图形；三角形、四边形是二维图形；虽然在初中阶段不研究立体几何，但还是要初步了解一些最基本的三维图形，比如说柱体、球和部分锥体，尤其是在视图这部分内容中会涉及三维图形。

其次，划分图形的角度是看是直线形还是曲线形。角、三角形、四边形、正方体等就是直线形的图形，而圆、球、锥体等就是曲线形。

关于第二个问题，总体来讲是两类：一类是研究一个图形内部元素之间的性质，也就是研究这个图形自身的元素之间的关系。另一类就是研究图形之间相互的关系。如两个图形间的全等关系、相似关系，还有二维图形和三维图形之间的投影关系等。

对于第三个问题，认识与研究图形的方法主要有三种。一是演绎证明的方法（综合几何的方法），就是从大家公认的定义、公理等公认的"基本事实"出发，采用三段论的演绎方式，推导出一系列几何结论。二是运动变换的方法，初中阶段主要是轴对称、旋转、平移变换，它们都属于刚体运动的范畴，即保持图形的大小和形状不变。另外还有相似变换，它是放缩变换。在标准中强调用变换的角度、运动的角度来看待图形。三是坐标的有序数对刻画的方法。直角坐标系是搭建了几何和代数之间关系的一个平台，是把代数和几何统一起来的最重要的桥梁之一，是认识图形的一个方法。

关于第四个问题，即知道学习"图形与几何"重要的是要学会对生活的空间的把握，包括图形的位置和大小。会运用"图形与几何"的知识解决一些简单的实际问题。

"图形与几何"领域在《标准（2011 年版）》中的三个部

分——图形的性质、图形的变化、图形与坐标，不仅可以看作"图形与几何"学习内容的三个组成部分，同时也可看作研究图形的三条主要"线索"与"脉络"。它们分别从不同的角度，即静态的分析研究及演绎、动态的运动变化（几何变换）和解析的方法（坐标），研究了图形的性质，使我们能够建立起对图形多维度的、全方位的了解和认识。

"图形的性质"这个单元主要是要求在观察、画图、拼摆等实践操作、直观探索的基础上，获得对图形性质的认识，然后在"基本事实"的基础上进行演绎证明。这里我们既用到演绎推理，又用到合情推理。我们应该注意到，《标准（2011 年版）》在这部分中比较多地使用了"探索并证明……"的表述。这就是说，要在一定的情境中，引导学生借助已有的知识和经验及图形的直观性，通过观察、操作、测量、类比、归纳等合情推理的方法，探索发现、猜想推断图形可能具有的性质，而并非只给出"已知、求证"，让学生完成既定的证明任务。

"图形的变化"主要涉及图形的平移、旋转、轴对称和相似等变换，以及视图与投影，这些也是认识和研究图形的有效方法。从这个意义上讲，它与演绎证明所起的作用是一样的，只是角度不同。

在变换观点下看待图形的性质也是非常重要的。我们说正方形是轴对称图形，"轴对称性"就如同"四条边都相等"或"四个角都是直角"一样，是正方形的一种内在性质。图形的许多性质实际上都可以从这种属性出发去认识。此外，图形的轴对称、平移、旋转等运动变化，也是认识和研究图形的有效方法，常常会使我们获得一些对图形结论的猜测，是我们探究演绎证明的思路、寻找证明方法的途径。正如《义务教育数学课程标准（2011 年版）解读》指出的："图形的轴对称、旋转、平移不改变图形的形状和大小，利用这个特性可以探索线段、角、等腰三角形、平行四边形、矩形、菱形、正多边形、圆的一些性质。"①"只有通过图形的运动或者图形的变换，才可能真正地把握图形的性质。"②

同样，坐标化的方法也是研究图形的有力手段。它开辟了用代数方法研究图形的思路，使图形的各种属性得以量化。

除了上述对"图形与几何"大单元中的几个部分的分析之外，我们还要注意对"空间观念""推理能力""几何直观"等核心概念的认识理解，因为这些核心概念应该有机地体现在上述内容中。

（三）"统计与概率"的核心内容与本质

"数据分析观念"作为《标准（2011 年版）》中的核心概念，表明了统计内容的重点所在。数据分析观念主要包括数据分析过程、数据分析方法、数据的随机性等。统计的研究对象是数据，概率则研究随机事件发生的可能性的大小，或者说是对随机事件发生大小的度量。

第一，数据分析过程。数据分析的过程可以包括收集数据、整理数据、描述数据和分析数据。使学生树立数据分析的观念，最有效的方法是使他们投入数据分析的全过程。在此过程中，学生将不仅仅学习一些必要的知识和方法，同时将体会数据中蕴含着的信息，提高自己运用数据分析问题、解决问题的能力。

第二，数据分析方法。掌握收集数据、整理数据、描述数据和分析数据的必要方法，是统计课程内容的另一个重点。

数据的来源有两种：一种是现成的数据，一种是需要自己收集的数据。在义务教育阶段两种来源都应该让学生有所体验，特别是自己收集的数据。常用的收集数据的方法包括调查、试验、测量、查阅资料等。

---

① 史宁中．义务教育数学课程标准（2011 年版）解读［M］．北京：北京师范大学出版社，2012：183.

② 史宁中．数学思想概论：第 2 辑　图形与图形关系的抽象［M］．长春：东北师范大学出版社，2009：154.

关于整理、描述、分析数据的方法，初中学生将了解频数和频数分布的意义，能画频数直方图；继续学习刻画数据集中趋势的统计量——中位数和众数，以及刻画数据离散程度的统计量——极差、方差；并且体会样本与总体的关系，知道可以通过样本平均数、样本方差推断总体平均数、总体方差。

第三，数据的随机性。《标准（2011 年版）》将数据随机作为数据分析观念的内涵之一。数据的随机主要有两层含义：一方面，对于同样的事情每次收集到的数据可能会是不同的；另一方面，只要有足够的数据，就可能从中发现规律。例如，学生记录自己在一个星期内每天上学途中所需要的时间，如果把记录时间精确到分，可能学生每天上学途中需要的时间是不一样的，这样可以让学生感悟数据的随机性；更进一步，让学生感悟虽然数据是随机的，但数据较多时具有某种稳定性，可以从中得到很多信息。比如，通过一个星期的调查可以知道"大概"需要多少时间。

第四，随机现象及简单随机事件发生的概率随机现象大量存在于现实世界中，只有很好地认识随机现象，才能更好地把握我们身边发生的各种事情。初中阶段所涉及的随机现象都是简单随机事件，《标准（2011 年版）》要求能够求简单随机事件的概率，同时知道通过大量重复试验，可以用频率来估计概率。在初中阶段研究的概率模型主要是古典概型。

二、对具体核心内容的分析——案例视角

从单元的角度整体对待数学课程中的核心内容时，我们就可以将它们与数学的核心概念或者说核心素养相联系。下面以"方程"和"尺规作图"两个大单元为例，阐述在这样的单元内容中如何与核心概念和核心素养建立联系。

1. 对"方程"单元的基本认识①

作为刻画现实世界中数量关系的重要模型，方程及方程组是初中数学的核心内容。课程标准不仅要求学生掌握方程的有关知识和技能，同时要求学生经历根据具体问题中的数量关系列出方程的过程，体会方程是刻画现实世界数量关系的有效模型，领悟模型思想。

《标准（2011 年版）》对方程与方程组主要有几项要求：

◆ 能根据具体问题中的数量关系列出方程，体会方程是刻画现实世界数量关系的有效模型。

◆ 经历估计方程解的过程。

◆ 掌握等式的基本性质；能解一元一次方程、可化为一元一次方程的分式方程；掌握代入消元法和加减消元法，能解二元一次方程组和简单的三元一次方程组（选学）；理解配方法，能用配方法、公式法、因式分解法解数字系数的一元二次方程，会用一元二次方程根的判别式判别方程是否有实根和两个实根是否相等；能根据具体问题的实际意义，检验方程的解是否合理。

◆ 体会方程与函数的联系：体会一次函数与二元一次方程的关系；会利用二次函数的图象求一元二次方程的近似解。

《义务教育数学课程标准（2011 年版）解读》中强调："根据具体问题中的数量关系，经过必要的抽象，提炼出未知数与已知数之间具有的等量关系，列出方程；在运用方程求解的各种方法，求出方程的解，进而解决问题的过程中，从而体会方程是刻画现实世界的一个有效的数学模型，是贯穿方程与方程组的一条主线。"② 选学内容"能解

① 刘晓玫，高欣，马力芬．中学数学教师学科专业素养与课堂教学实践［M］．北京：首都师范大学出版社，2013：4.

② 史宁中．义务教育数学课程标准（2011 年版）解读［M］．北京：北京师范大学出版社，2012：165.

简单的三元一次方程组"和"了解一元二次方程的根与系数的关系"的设置，主要是考虑通过简单的三元一次方程组的讨论，既可以加强对消元方法的认识与应用，又可以为二次函数解析式的确定提供有效的工具。而一元二次方程根的判别式以及根与系数关系不仅在高中数学中有着广泛的应用，而且一元二次方程作为高次方程的代表，对于其根与系数的研究体现了在高次方程中系数决定方程的根的属性。所以我们在教学中重在帮助学生理解这种根与系数的内在关系，而不是利用根与系数的关系去解一些复杂的代数式变形问题。

那么，基于方程的学习应该关注哪些核心素养，渗透什么数学思想呢？

（1）数学抽象。符号意识作为核心概念之一，在方程这部分内容承载着用符号表示数量关系的重任。用字母表示未知量，用代数式表示未知量，用方程表示量与量之间的相等关系，都是方程学习中的重要内容，而符号意识形成的过程就是发展数学抽象思维的过程。

在类型方程的学习过程中，学生符号意识的发展呈现不同的层次。如七年级学习一元一次方程时，学生的问题是习惯于用算术的方法而不是方程的方法来解决实际问题，学生用符号表示等量关系的意识还没有很好地形成。而在学习二元一次方程组时，从表面上看，学生似乎经历了学习方程的平静期，与前面的一元一次方程以及后面的一元二次方程相比，几乎没有学生认为二元一次方程组的学习有多困难，但通过对九年级学生解直角三角形这类问题的调查，我们发现，当问题需要设两元来求解时，学生往往会认为此题不可解，或执着于用一元来解决。也就是说，九年级的学生符号意识方面的问题在于，他们即使有用符号解决问题的意识，也只是机械地使用符号解决问题，缺乏选择恰当符号表征问题、解决问题的意识。

（2）运算能力。在方程的学习中，特别是在解方程的过程中，不仅要帮助学生形成运算技能，还要引导学生对"怎么算？""为什么这么算？""哪种算法好？"等一系列问题进行思考。如解二元一次方程组时选择代入消元还是加减消元？解一元二次方程时如何分析方程的结构特征，并根据方程的这些特征合理选择最简洁的解法？等等，便是从法则到算理的思考，使运算从操作的层面提升到思维的层面。解方程的一般思路是从特殊到一般上升为算法化，这是运算能力发展的重要进阶。

（3）模型思想。在方程的学习中，过去我们强调方程的定义、方程的类型、方程的解法等纯数学知识，而现在我们要为学生提供多样化的现实具体问题，帮助学生形成从实际问题抽象出数学问题、用数学符号正确表示相应数学问题的能力，这也是帮助学生建立模型思想所必需的能力。从方程的起始课开始就要注重培养学生的模型思想，把方程这种模型思想贯穿于方程的引入、方程的解法的全过程。

（4）转化思想。在将实际问题抽象为方程问题过程中体现了转化的思想，同样解方程的过程实质上也是转化思想的重要体现。

通过上述分析，从数学学科、数学课程、数学教育等方面综合来看，方程是初中数学的核心概念，是培养学生面向模型思想、数学推理、运算能力的重要载体，因此在教学中教师可以树立"大单元"教学设计观念，以方程概念作为单元学习主题，整体把握方程内容，凸显方程的育人目标。在教学过程中，可以分年级分阶段设置"小单元"，如一元一次方程、一元二次方程、方程组等。在进行每一个小单元的教学的过程中，除了关注知识的学习之外，还要注重每一个小单元为达成大单元的目标应该关注的核心，也要关注各个小单元之间的方法的迁移和类比，凸显数学学科研究问题的方法和策略。

2. 对"尺规作图"单元的基本认识

"尺规作图"作为"图形的性质"的一部分内容，如何整体认识它的价值？它对发展学生的核心素养有怎样的作用？如果不能从整体的角度来看问题，那么这部分内容的学习就可能停留在完成若干个具体尺规作图的技能层面了。

通过对尺规作图的发展历史和课程定位的分析，我们可以这样整体认识这一单元的教育价值：

经历观察、实验、推理、验证的活动过程，积累基本活动经验，是课程目标中提出的"四基"之一。尺规作图正是这样一种学生动手活动，它是一种有目的的情境创设，即要求在某种条件下，由学生自己动手解决问题。它要求学生能作出一张符合要求的图形，是一种具有挑战性的创造性活动，能够激发学生的兴趣和创造性。

（1）直观想象。完成尺规作图任务的过程充满了直观想象和逻辑推理。面对一个尺规作图的任务，学生首先是根据任务要求，直观判断作图的方法，思考如何作出满足要求的几何对象。

例如，作已知角的平分线，可使用量角器完成，但这样完成任务的过程基本没有想象的空间。而如果以"尺规作图"的方式来完成，学生首先要根据角平分线的定义直观想象它的位置以及如何确定它的位置。学生不难得出这条射线应该通过某条线段的中点，即在角的两条边上分别确定一个到角的顶点距离相等的点，两点确定一条线段，然后再试图确定该线段的中点，进而在探究、推理的过程中完成任务。在这个过程中，尺规作图为学生的探索提供了想象的空间。

再如，在关于"SSA"能否作为三角形全等的判定定理的探究中，已知 $\angle A$ 和线段 AB 的长度，需要固定另一已知边长 BC。此时，如果以刻度尺为工具来取此边长，容易造成只取到 C 点，忽略满足要求的 D 点的情况。而采用圆规截取这段边长：以 B 点为圆心，固定长度为半径作圆弧，就能轻易通过画圆弧构造出这两个交点 C 和 D，从而说明"SSA"不能作为三角形全等的判定定理。（见右图）

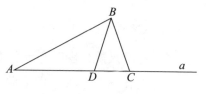

（2）推理能力。尺规作图的另一个教育价值是在完成作图的过程中，要运用一系列的逻辑推理。尺规作图是在给定条件下，设法求作具备这些条件的图形，完成作图以后，便可断言具备某种条件的图形存在，或在什么情况下这样的图形存在，使言之有物。这样，解几何作图问题，在某种意义上说，是存在性证明的一种形式。在几何作图中的"分析""证明""讨论"各个步骤，就是这一点的具体表现。①通过尺规作图可以培养学生严谨的演绎推理能力。

（3）分类讨论的思想。尺规作图学习伊始，就伴随着分类讨论的思想。

例如，已知∠β和线段 a、b（见下面左图），用尺规作△ABC，使∠B=∠β，BC=a，AC=b。这样的三角形能作几个？

已知 A、B 两点和线段 a，且 $a>\frac{1}{2}AB$。（见下面中图）用直尺和圆规作圆，使圆过点 A、B，且半径为 a。这样的圆可以作几个？

已知圆上两点 A、B（见下面右图），用直尺和圆规作出以 AB 为底边的圆内接等腰三角形，这样的三角形能作几个？

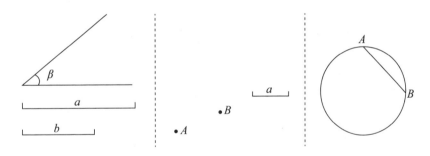

上述三个尺规作图问题，往往在对等腰三角形进行讨论时出现，但又离不开分类讨论的思想的指导。

在尺规作图过程中，学生可能只作出了部分满足条件的图形，而漏掉了其他的情况。经过分析讨论和分类思想的指导，希望学生意识到这些作图问题都不只有一个解。如第一个问题，学生在认真进行尺规作图时，就会发现有两个三角形是满足作图条件的。这样，学生会将此作图问题与"边、边、角"是否是三角形全等的条件联系起来，

---

① 朱德祥.初等几何研究［M］.北京：高等教育出版社，1985：143.

分情况恰当运用"边、边、角"的条件，判断三角形的全等，也进一步体会了分类思想的意义。

通过上面的分析，我们可以看到，以尺规作图为主题的单元学习，不是仅仅获得作图的技能就完成了目标，还要关注以下几个方面：以发展学生的几何直观和推理能力为核心目标，设计以作图要求为目标的探索性活动和学习任务，在获得基本的作图技能的同时，在探索图形性质和完成作图任务的过程中发展几何的思维能力，实现深度学习。

三、认识单元设计与以往教学设计的差异

进行单元设计可以让教师在整体把握知识的同时，也能够很好地看清知识之间的内在联系，进而能够更好地把握知识之间的联系并迁移到问题解决中来。

"小复习"与"大联系"。在日常教学中，教师们几乎每节课的开头都会有一个"复习"环节，这个环节的目的是引出新知识，因为新知识与旧知识有联系，新知识的学习有赖于旧知识的掌握和理解，但往往这样的联系仅仅是局部的，还没有达到整体认识知识之间联系的程度。对知识间关系的整体把握，首先体现为教师在面对单元时的整体认识，并将这样的整体认识恰当地、适时地体现在教学中。其次，这样的整体把握能够影响学生养成建立知识之间联系的意识和能力，不孤立地学习一个个知识点，而是随着对知识的学习的不断推进，将知识串联起来，形成知识链条和知识网络。

比如在"有理数减法运算"这个微单元的教学中，我们还经常能看到这样的课堂教学环节——

师：减法运算和加法运算是什么关系？

生：已知两个加数的和，求其中一个加数的运算。如"2+？=5"即"5-2=？"。

师：我们学习了有理数，它和以前的差异就是引进了负数，那么有理数之间如何做减法运算呢？如"2-（-3）=？""（-2）-3=？"。

生：类比前面减法是加法的逆运算可以得到——"2-（-3）=？"即"（-3）+？=2"，从而得到"2-（-3）=5=2+（+3）"；

"（-2）-3=？"即"3+？=-2"，从而得到"（-2）-3=-5=（-2）+（-3）"。

师：总结有理数的减法法则为"减去一个数等于加上这个数的相反数"。

练习 1：计算——

$3-5$　　　　　　　　　　　$3-（-5）$

$（-3）-（-5）$　　　　　　$（-3）-5$

$3-0$　　　　　　　　　　　$-3-0$

$0-3$　　　　　　　　　　　$0-（-3）$

练习 2：计算——

$（-3）-（-5）0-7$

$4.9-2.5\left(-3\dfrac{1}{2}\right)-5\dfrac{1}{4}$

在这个教学设计的片段中，我们可以发现教师首先复习了已有的认知经验"减法和加法互为逆运算"；然后提出了一个具有挑战性的问题——"有理数之间如何做减法运算呢"，学生通过类比得到有理数的减法法则；最后设计了两组类型全面的练习，强化学生对"有理数减法法则"的运用。在这个教学过程中，我们注意到教师关注了知识之间的联系，注重了方法的类比和迁移，但是我们反思这一教学过程中学生的感受是怎样的，教学的目标到底是什么，就可以看出学生这节课学完之后应该会"又对又快"地解决各种有理数减法运算的问题，但这只是这节课的知识目标，以知识为载体要达成的素养目标是运算能力。运算能力培养的重要环节是"理解运算对象，掌握运算法则，探索运算思路，设计运算程式"，本节课应该是着力突出"掌握运算法则"。布鲁姆将教育认知目标谈到的"掌握"解释为：能理解学习材料的内涵和意义。这包括具体分类、区别、流程、误区等的认知和学习。可以借助三种形式来表明材料的领会。一是转换，即用自己的话或用与原先表达方式不同的方式表达自己的思想；二是解释，即对一项信息加以说明或概述；三是推断，即估计将来的趋势（预期的后果）。可见要"掌握有理数减法的运算法则"，就要突出学生在原有的认知基础上，通过大量的实践、感悟、归纳的过程，积淀学生的数学活动经验，提升运算能力。而这一片段的教学目标仅仅落在知识的"落实"和结论的记忆上，"短频快"地得到数学结论，希望通过"刷题"训练来代替能力的培养。教师的这种教学设计一方面体现教师对基于以知识为载体促进学科核心素养的达成缺乏正确的认识；另一方面教师在以素养为目标的教学设计中缺乏有效的策略，如提出问题（数学或实际）—学生进行实验（举各种不同类型的例子）—类比（非负有理数减法法则）—形成猜想—验证猜想的合理性（广泛验证）—运算法则（归纳共识）。这一过程一方面能够激发学生的问题意识和探究兴趣，另一方面也能帮助学生积累数学活动经验，为今后研究"实数""式"等的运算提供方法层面的迁移。

"习题链"与"方法链、思想链"。日常教学中，某一个单元学习后，经常看到教师会以习题解答的方式串联所学知识，因而整体回顾单元内容的复习课就变成了习题课。而单元主题学习则要求教师应该从知识以及关系的梳理、蕴含的思想方法的角度进行单元回顾与反思，而不是简单地对单元知识点采取以习题为主的方式进行巩固练习。例如，在解决二元一次方程的过程中，不同形式的二次方程、用不同的方法（直接开方、配方法、因式分解法等）解决时，总是会体现出从二次方程转化为一次方程的化归过程，因此，单元主题设计的过程与化归思想的体现有着密切的联系。单元回顾时，一方面需要学生理解和体会方程的模型思想，同时，也将在各种形式的二次方程的解决过程中体会化归的思想等。

"总—分—总"的思路体现单元设计与课时实施的关系。目前，思维导图成为很多教师与学生梳理所学内容的一种有效途径。在一张由学生绘制的思维导图中，可以看出教师引导学生整体把握本单元知识的联系的成果。（见下图）

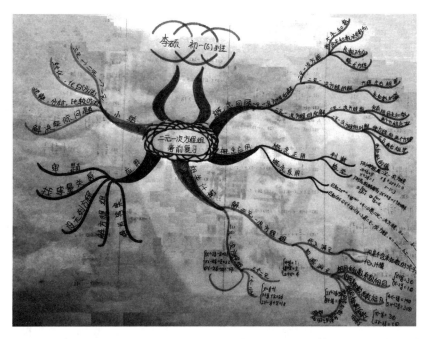

思维导图是学生经过单元学习后对单元内容的总体再认识。如果将教师进行单元学习主题设计以及用适当的方式让学生理解单元全貌看成一个"总"的过程，将单元中一个个具体课时的教学看成"分"的过程，那么"总—分—总"就是数学深度学习过程的一种形象的描述。

思维导图只是呈现数学内容关系的一种形式，结构框图、韦恩图等都可以从不同的角度反映数学内容（包括知识、方法等）之间的关系，教师们要善于利用这些方式为学生构建对数学单元内容、方法之间联系的理解，促进深度学习的实现。

第二节　教研如何保障初中数学深度学习的实施

　　深度学习中的单元学习主题教学设计需要通盘考虑单元教学内容，并用系统论的观点来进行要素分析和流程设计，这对教师的专业水平提出了较高要求，特别是对于内容进行学科的本质分析、学科知识的联系的剖析，包括对内容进行跨章节的整合、重组、优化。这对单个教师的学科素养以及时间和精力来说是一个较大的挑战。另一方面，无论是区域层面的还是学校层面或者是教研组层面的研讨，都会就团队成员各自对教学内容的理解进行交流、分享，也会因教师们具有不同的知识体系、思维方式、认知结构等发生一定的碰撞，引发冲突和讨论，从而对问题有更深入的认识，这应该是深度学习的一部分。因此，以团队协作的方式来完成单元教学设计是比较可行且有效的方式。如区域内可以组成跨学校的团队，学校内可以以跨年级或本年级的数学教研组为基本单位来实施单元教学设计的相关教研活动，教师对教学要素的分析可以分工来完成，还应该在教师间通过角色轮换来承担不同的任务分工，以便教师们对整个的教学设计环节都越来越熟悉。在单元教学设计的相关教研活动中，分工合作和任务驱动也都有助于提升教师间的团队协作能力。

一、区域教研活动中的深度学习研讨

　　北京市海淀区是最早参加深度学习教学改进项目的实验区，在几年的教学实践中，依托区域教研活动的开展，有组织、有规划、有理论、有实践地推动了深度学习教学改进项目的实施，有效地提升了区域内教师的理论水平和教学实践能力，同时也为如何开展区域教研提供了很好的范例。下面就让我们一起走进海淀区区域教研的现场，一起经历深度学习教研活动的过程。

随着教育改革的深入推进，数学学科的教学如何凸显学生学科核心素养的培养？如何促进新时代教师的专业发展和教师教研及研修的转型？针对这些问题和挑战，解决的根本策略就是要促进"教"与"学"方式的变革。深度学习教学改进项目是教育部基础教育课程教材发展中心针对目前课程改革，结合国外的一些理念，进行本土化实践和探索的一个教学改进项目，是促进"教"与"学"方式变革的有效项目载体。随着深度学习教学改进项目的进一步深入，参加该项目的学校逐渐增加，对项目学校的教师的研修组织工作就迫在眉睫。如何提高教师研修的时效性？下面结合实践谈一谈深度学习教学改进项目区域推进策略。

（一）系统规划

1. 规划案例研制流程

深度学习案例研制初步形成如下流程。（见下图）

具体在项目开展初期，以实验校为基地，组建骨干教师研究团队，进行项目的理论框架学习的交流分享，结合理念开展"寻找我教学中的深度学习的片段"的交流活动。这一方面是为了促进教师将深度学习的理念和已有的教学实践相结合，理解深度学习理论框架；另一方面是为了调动实验教师的积极性和主动性，让老师们认识到这个项目是基于改进、促进课堂优化的实践模型。

随着实践教师对理论的认同和初步理解，项目集中骨干团队的力量，共同确立一个单元和单元学习主题，凝练单元的学习目标，设计学习活动和评价标准，形成一个经过多轮打磨的单元教学设计；之后，将案例在课堂上进行实践，团队的其他老师和学科专家深入课堂进行听课、交流、研讨、再完善。这样就在区域层面形成了一个可供参考学习的实践案例。

2. 目标规划和实施进程

下图是北京市海淀区开展深度学习教学改进项目初期，在一所实验校开展项目的目标规划和实施进程的具体设计。在设计中，以一个学年时间为主线，将一个学年分成四个时间段，在每个时间段中明确实践形式和目标成果。另外在实施的过程中还要落实具体的时间节点和人员，明确完成的任务和形成的成果，以及成果呈现的形式。

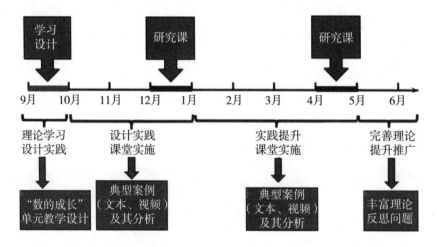

（二）确立以深度学习理念为指导的深度学习教师研修模型

1. 研修模型

下图是以深度学习理念为指导的深度学习教师研修模型，是根据深度学习理念模型设计的，从中可以清晰地看出教研员和培训者应该发挥的作用。教研员不仅是个组织者，更为重要的是一个引领者，因此教研员要首先领会深度学习的理念，了解教师的需求和困惑，确立适合教师情况的学习目标，设计具有挑战性、开放性、探究性、趣味性的问题，引导教师在研修中自主体验、探索、归纳，最终感悟到深度学习理念的精髓和把握实施的要领。

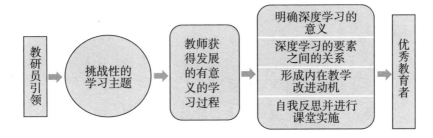

2. 研修过程设计

研修活动要明确每个研修单元的主题和目标。区域研修活动研修什么？随着项目的推进，明确研修主题是十分必要的。在项目开展之初，我们确定了这样的单元研修主题："深度学习"深在何处？

深度学习教学改进项目为大家提供了一种教育教学的改进方案。它让我们对自己的教育教学活动进行深层次的思考，让我们不断改进自己的教育教学活动，从而使学生获得能够应对未来的能力。通过深度学习活动，学生由被动学习转为主动学习，把隐性的理解显性化，使行为可以被评价。

为了体现深度学习理念对教育的影响，我们设计了"'深度学习'深在何处？"的主题研训活动，希望能够使教师对深度学习有更加深刻的理解；也希望通过此研讨，让教师对深度学习有更加深入的认识，发现问题，设计出更好的单元学习的课程。

此外，明确研修目标也十分重要。基于深度学习的内涵，我们同老师们明确了研修的目标：促使教师更加关注学生的学，抓住单元的核心素养，突出学科能力，关注培养学生积极的学习动机和情感态度。

3. 单元学习任务

单元学习任务如下。

任务 1：寻找你的教学中具有深度学习特征的一节课或某一个

教学片段。

（1）结合案例阐明深度学习的各个要素的性质，建立要素之间的联系；

（2）反思自身教学，发现自身教学的优劣势，建立自身教学方式与深度学习学习模式的联系。

任务2：选取一节你认为自己特别优秀的课，谈一谈"深"在何处，并与深度学习理念比较，寻找改进的策略。

（1）体会"改进"，消除对深度学习教学改进项目的陌生感；

（2）以任务的形式驱动自主学习深度学习理论框架。

任务3：进行深度学习教学设计和教学实践交流。

（1）课例中哪些活动属于深度学习活动？这些活动与主题、目标之间有何联系？

（2）课例中哪些活动教师可以给出反馈、建议？哪些活动可以作为最终评价？为什么？

4. 可持续性评价：教师理念的转变——关注学生的学

深度学习教学改进项目中谈到的"持续性评价"主要是回答"是否达成了既定目标"问题，是指依据深度学习目标，为学生的深度学习活动持续地提供清晰反馈，帮助学生改进学习的过程，包括建立标准并提供反馈。其主要特征是指向学生学习，指向学科核心素养，指向高阶思维能力的培养。

作为教师研修课程的"持续性评价"则回答了"是否达成教师研修的既定目标"问题，是指依据深度学习目标，为教师的深度学习活动持续地提供清晰反馈，帮助教师改进教学设计与实施的过程。其主要特征是看教师通过研修能否将理念运用到课堂，并指向学生学习，指向学科核心素养和高阶思维能力的培养。

下页图展示的是一次如何开展深度学习理念下的"平方根概念课"

引入部分的设计成果。从设计的过程我们可以看出，教师从传统的知识的授受（方法一、方法二），逐渐转向基于运算能力的培养（方法三）和直观想象（方法四），越来越把握了学科育人的本质，较好地体现了运算能力培养中如何理解运算对象的要求。在这个过程中，教师还对不同的设计由低到高分成四个等级水平。在学生学习新知的过程中，我们可以看出多数教师通过研修能够将理念运用到课堂教学中，教师也越来越关注学生对新知自主构建的过程；在育人目标和学科本质的把握上，教师的教学越来越指向学科核心素养目标的达成；在指向高级思维能力的培养上，从原来的概念的输入记忆逐渐转向对知识的理解运用。

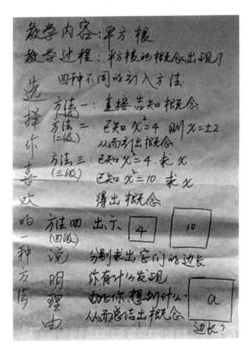

在后续的教师课堂教学中，教师又对上述"平方根概念课"引入部分做了如下设计。

1. 回顾"数的成长"（有理数）的学习过程，负数是如何产生的。

2. 请结合"数的成长"（有理数）的学习过程，尝试解决下列问题。

（1）已知 $x^2 = 4$，求 x 的值；已知 $x^2 = 10$，求 x 的值。

（2）面积分别为4和10的正方形的边长分别为多少?

这一设计充分体现了深度学习的目标关注学生已有的知识（有理数）和方法（负数的引入过程），思维水平从学生的基础、兴趣、需求和问题出发，提出问题，引导学生自主探究，在探究的过程中促进了"数学运算"素养目标的达成。这一设计也充分体现了教师对单元主题教学的理解，教师在进行"有理数"单元的教学时，能够认识到研究有理数的运算对象的方法、研究有理数的运算法则以及探究有理数的运算程式等，对后续新的运算对象有思想、方法的可迁移性和类比性。因此在进行无理数的教学的过程中，教师就可以把无理数的产生、无理数运算法则的探究和运算途径的优化留给学生作为问题去探究，从而较好地实现了追求理解、评价、迁移、问题解决与创新能力培养的深度学习目标的达成。

通过这种任务驱动、持续地进行信息反馈交流的评价方式，能很好地促进并帮助教师改进教学方式，把握学科本质，真正实现使持续性评价成为不断实践—获得反馈—改进教学的过程。

（三）聚焦典型案例，引领项目开展

"有理数"一章是七年级的起始章节，是初中阶段运算能力培养的核心内容。下面结合本章的内容，共同分析实施深度学习过程中老师们所遇到的问题。

1. 如何确立单元学习主题?

"单元"是指课程实施的单元，即以主题为中心，对相关教学内容

进行整合，形成一组彼此关联的系列教学活动，这通常需要若干课时完成。这里的"单元"不完全等于学科教材编写的"单元"或"章节"，"主题"也不完全等于教材上的单元或章节"标题"。教学设计是以单元教学为实施单位的整体设计，统筹规划单元教学中"三维"目标的落实、教学活动的安排，每课各有侧重，单元完整有序。单元教学设计要建立在对学段、学年、学期的整体课程规划上，在学段、学年、学期教学中循序渐进地帮助学生发展。

实质上，这里强调单元教学，其核心是要突出整体把握——整体把握学科内容和学科素养，全过程把握学生不同阶段发展的认知规律。在进行当前内容的学习时，一方面要"瞻前顾后"，明确研究问题的先前组织者和后续研究对象，从纵向明确知识的来龙去脉，这样有利于形成结构化的认识；另一方面要明确知识间的横向联系，这样有利于知识间融通、方法的迁移类比。与数学核心内容有关的单元学习主题通常有三种：核心内容类——与学科教材编写的单元或章节一致的单元学习主题；思想方法类——由跨教材单元、章节的相关内容整合而生成的单元学习主题；问题解决类——由跨学科相关的内容整合而生成的单元学习主题。

例如，"有理数"一章单元学习主题的确定如下。

下页上图是学生不同学段的认知发展、知识发展、学科能力、经验能力的进阶图。从认知发展的层级来看，对于"数"的认识经历"实践—抽象—构造"的过程；从知识发展的层级来看，对于"数"的认识经历"数—式—方程—函数"的过程；从学科能力的层级来看，对于"数"的认识经历"描述—类比、归纳—分析、解释—预测"的过程；从经验能力的层级来看，对于"数"的认识经历"迁移—远迁移"的过程。从上述四个维度的进阶图可以看出，"数与代数"的核心一方面是揭示数与式这些数学对象的概念，另一方面则是揭示这些对象之间的关系——运算。运算不仅揭示了数与式之间的关系，而且也促使了数与式的不断丰富和完善，是促进数学发展的源泉。

学段	认知发展	知识发展	学科能力	经验能力
	基于需求自主构造新模型	复数，集合，向量逻辑……	分析，解释，论证	远迁移
	基于关系认识式	方程，函数	抽象概括和构建知识关系	
	基于数式通性认识式	整式，分式，根式及其运算	类比，预测，验证	
	基于面积体积及运算认识实数	实数及其运算	类比，预测，验证	迁移
	基于运算认识有理数	有理数及其运算	类比，预测，验证	
	基于生活认识非负有理数	非负有理数及运算	描述、归纳	

类别

从初中学段的学习内容来看（见下图），有理数的研究是在类比小学学段的非负有理数研究的基础上进行的，为研究运算对象和运算再次提供了范例。它的研究方法将对后续实数、整式、分式、根式的研究起到方法上的迁移，是培养学生运算能力的很好的载体。

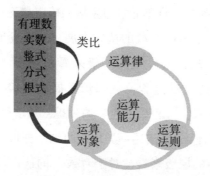

基于上述多方面的分析，故将"有理数"这一章的单元学习主题确定为"数的成长"。由下页图可以看出"数的成长"的单元学习主题具有可持续性、可迁移性，能够贯穿单元教学全过程，有利于引导学生建立有组织的知识网络，经历有明确意义的学习过程。

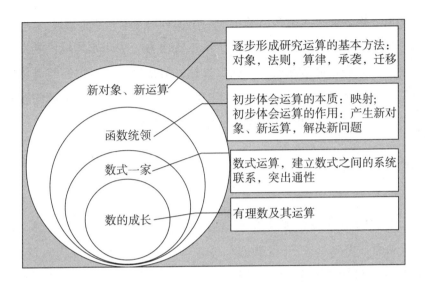

如下图所示，对于一个单元学习主题的确定，可大可小——大到整个数学领域，微到一节课的教学。也就是在教学的过程中，从大处着眼会便于整体把握本单元在学科中的本质和育人目标；从微处入手会明确每一微单元为大的单元目标应做的贡献，便于实施。

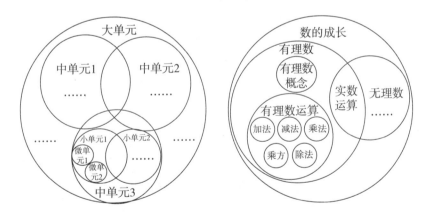

2. 如何设计有挑战性的学习任务？

有挑战性的学习任务的设计要依据单元学习主题、深度学习目标、单元学习内容，以及学生已有的知识和经验而进行，设计以基于解决关键问题的体验性学习活动，引导并帮助学生体验、经历、发现知识的形成过程，促使学生在活动中展示出他们对事物的新认识，呈现他们的思维特点。要将深度学习教学目标转化为一个问题情境，激发学生学习的兴趣；根据深度学习教学目标，结合单元学习内容与具体的学情，与生活建立联系，创设具体的学习任务情境；依据关键问题解决的步骤，设计活动的基本程序与活动的主要环节。

⑧ ⑧ ⑧ ⑧①

"有理数的减法"微单元的学习目标为：（1）学生经历发现、提出、分析、解决、应用问题的过程，总结形成有理数的减法法则，（2）学生理解有理数的加法与减法的可逆性，进一步体会运算法则研究的一般规律。

针对上述目标，设计以下学习任务。

学习任务1 教师展示三亚2月某周的天气预报（见下图），问：根据资料你能得到哪些信息？请说明理由。

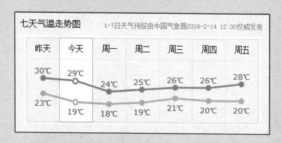

学生解答情况：计算每天的温差；计算一周的平均气温；分析气温的变化趋势；比较大小；了解三亚的地理位置、气候特点。

学习任务2 教师展示北京2月某周的天气预报（见下页图），问：根据资料你又能得到哪些信息？请说明理由。

———————

① 该案例改编自第四章案例一，更多内容可参见完整案例。

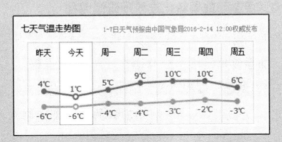

　　学生解答情况：计算每天的温差；计算一周的平均气温；分析气温的变化趋势；比较大小；了解北京的地理位置、气候特点。

　　学生问题聚焦：$9-(-4)=?$ 学生探究运算的合理性。

　　用有理数的减法法则：$9-(-4)=9+4=13$；

　　用相反数：$-(-4)=4$，$9-(-4)=9+4=13$；

　　用数轴：$9-(-4)$ 表示数轴上 9 与 −4 的距离为 13；

　　负数实际意义：地上 9 层和地下 4 层相差 13 层；

　　有理数加减法互为逆运算：因为 $13+(-4)=9$，所以 $9-(-4)=13$。

　　简评：上述两个任务较好地实现了学习目标，这两个任务的共同特点是问题情境新颖、开放、信息量大，有利于激发学生的学习兴趣，不同层次的学生都能有不同的发现，提出不同的问题。学习任务 1 较好地起到了"唤醒"学生小学学习的相关知识和经验的作用，为学习任务 2 提供了很好的铺垫；学习任务 2 的聚焦又很好地突出了这一微单元的学习目标。两个任务能够根据当前的学习活动去调动、激活学生以往的知识经验，帮助学生以融会贯通的方式对学习内容进行组织，建构出自己的知识结构，"探索""发现""经历"知识的形成过程，体会运算研究的基本思想方法。

（四）将深度学习成果转化成教师研修课程

北京市海淀区以深度学习的理念为指导，将深度学习成果转化成教师研修课程，加强教师研修"5+*M*+*N*"（5：必修课程；*M*：必选课程；*N*：分层分类选修课程）课程建设，用深度学习的成果辐射全区教师。

下表为北京市海淀区八年级数学学科的"教师研修课程规划"，课程的总体规划是在深度学习理念指导下进行设计的。如"5+*M*+*N*"教师研修课程开展主题是研修，每类课程都围绕着若干主题设计，每个主题又设计了若干专题活动进行突破；在"*M*类"课程中还特别凸显了深度学习的教学和实践课程。其中每学期专门开设了推进深度学习教学改进项目的研究活动（共三次），研究中以案例开发与实践为载体，重点突破如何以学生为中心设计单元主题，如何设计学习活动促进目标的达成。这样不仅能很好地发挥深度学习成果的辐射作用，而且也较好地解决了深度学习教学改进项目在实施和推广的过程中如何开展教师培训的难题。

工 具 链 接

2017—2018 学年上学期初二年级数学学科
教师研修课程规划①

模块	主题	专题	次数	活动形式
5（必修）	专题教与学的分析与指导	第十三章"轴对称"教与学的分析与指导	1	报告
		第十四章"整式的乘法与因式分解"教与学的分析与指导	1	

① 本课程规划由北京市海淀区教师进修学校李大永老师提供。

续表

模块	主题	专题	次数	活动形式
5 （必修）	专题教与学的 分析与指导	期中复习教学建议	1	报告
		第十五章"分式"教与学的分析与指导	1	
		第十六章"二次根式"教与学的分析与指导	1	
		第十七章"勾股定理"教与学的分析与指导	1	
		期末复习教学建议	1	
M （必选）	初高中过渡	初高中过渡之从高中课程看初中的教与学	1	报告
		初高中过渡之从初中课程看高中的教与学		
	基于数据的 测评分析	从七年级潜能测试看小学的教学	1	报告
		从七年级潜能测试看初中的教学		
	推动学习方式 改进的深度 学习教学改进 项目研究	基于主题学习的活动方案设计	1	分组讨论、汇报
		以学习者为中心的课堂环境下，实施问题解决教学	1	分组讨论、汇报
		深度学习视角下的教学案例剖析	1	观课、交流讨论
N （任选）	四维度三视角 下的典型 考题分析	从典型考题的分析看平时的数学教学	1	汇报分享、 交流讨论
	聚焦学生数学 素养发展的 课堂教与学 的研究	研究课1（基础薄弱学生）	1	上课、观课、 评课、讨论
		研究课2（基础较好学生）	1	
		研究课3（基础中等学生）	1	
	基于数学素养 的试题命制与 评价研究	八年级学业水平试题的命制	1	交流讨论
		八年级学业水平试题的评价分析	1	报告

　　下图是深度学习教学改进项目和区域教研之间的关系示意图。深度学习教学改进项目的目的是以该项目为出发点，促进学生、教师、学校的发展，促进教研创新。在深度学习教学改进项目开展的过程中，一方面可以利用深度学习的理念进行教师研修，另一方面还可以融合和整合各个项目和课题的研究成果来指导深度学习的开展，反过来利用深度学习的项目开展课题研究。在教研活动中，逐渐形成基于深度学习的区域教研活动框架，从具体的教学内容入手，引导教师深入理解基于单元教学（整体把握）、素养导向（任务驱动）、学生中心（以人为本）、持续评价（关注目标达成）的教学设计与实施。在日常的调研活动、研究课活动中，运用深度学习的理念来评价和引导教师进行教学改进。这样便很好地使教研从关注知识的解读，逐渐转向研究教师的教如何促进学生深度地学，给教研又增加了一份新的活力。

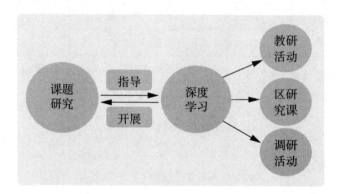

二、校本教研活动中的深度学习教学设计与实施[①]

　　深度学习的教学理念真正落实到课堂教学中来，除了相关的理论学习外，还需要学校的整体规划和具体的推进方案，学科组、备课组

---

①　本部分内容由北京市海淀区教师进修学校附属实验学校李超老师提供。

的集体研讨和群策群力。只有教师凝聚在一起，深度学习才会持久，永葆生命力。

为了便于更多的同仁开展深度学习，这里我们对开展或参与过的单元学习主题教学设计进行整理，具体内容可参考下表。

单元学习主题教学设计整理

单元学习主题	设计的单元	具体教材说明与章节
数的成长	有理数	人教版七年级上册 第一章
数的再成长——数的危机，从 $\sqrt{2}$ 研起	实数	人教版七年级下册 第六章
生活攻略——方案选择	不等式与不等式组	人教版七年级下册 第九章
稳定三角形	三角形	人教版八年级上册 第十一章
整式的乘除与因式分解	整式的乘法与因式分解	人教版八年级上册 第十四章
二次函数与方案优化	二次函数	人教版九年级上册 第二十二章
圆	圆	人教版九年级上册 第二十四章
乘积为定值的两个变量间的关系	反比例函数	人教版九年级下册 第二十六章

下面再来谈谈开展深度学习教学改进项目给教师、备课组、教研组三个层面带来的变化。

第一，从教师个人的角度来看，深度学习的备课内容会产生很大的变化。传统的备课重在每节课的引入、例题和练习的选择，更多的是强调一节课内容的整体性、逻辑性，而深度学习的备课需要教师基于某个单元或者专题的整体思考，重点从深度学习教学设计的四个要素——单元学习主题、单元学习目标、单元学习活动和持续性评价来思考和设计教学活动。这种备课的模式给教学带来的直接的好处就是：改变了以前以课时为时间段，重视某一数学知识、技能或方法的教学方式，而更突出学生在较长的时间段内，通过大活动的展开和完成进行学习，突出数学核心知识的理解，能把数学学科核心素养的培养落到实处。与以往备课不同，深度学习需要教师不仅思考所教的数学知识，还要深入思考它在整个数学学习中的作用和意义，比如它与已学的知识有什么关系，对后续学习有什么价值；不仅需要考虑教师的教，还要更加注重学生的学，比如如何使学生对学习内容充满兴趣和对学习活动有积极性，而不是仅仅把某个知识传授给学生；深度学习不仅是促进学生学习的工具，更是帮助教师思考数学价值的脚手架。

第二，从备课组的角度来看，深度学习使集体备课研讨时面对的问题发生很大的变化。在没有引进深度学习教学改进项目之前，集体备课时关注的内容更多的是这样一些细节问题：（1）明确教学进度以及课时安排；（2）重点落在每个课时的引入是否自然有效，例题、练习的选择是否合适等具体的教学内容上。开展深度学习后，备课组的集体研讨则聚焦在单元学习主题确定得是否合适，单元学习目标是否符合学科的本质、是否与单元学习主题呼应，针对单元学习主题的单元教学活动如何设置等问题。这些问题更接近数学学科的核心素养和本质，这些问题不再是一些细碎的小问题，而是聚焦整个单元的大问题。只有集体备课，每个教师各抒己见、齐心协力、反复推敲，才能保证深度学习的实践更接近数学学科的本质和发展规律。

下面以人教版教材九年级下册第二十六章"反比例函数"的教学设计为例，说明备课组是如何在单元教学的过程中开展深度学习备课的。反比例函数的教学内容主要有反比例函数的概念、图象与性质以及实际问题。在没有开展深度学习之前，原来的备课会局限于具体内容来讨论，比如反比例函数的画法会是一个难点，会存在有哪些错误的情况、怎么引导学生等问题。在深度学习框架下的集体备课会讨论这些问题：（1）反比例函数在初中教学中的地位与作用；（2）反比例函数的学习对学生的学习能力有什么意义和价值；（3）如何设计合理的教学活动，引导学生能真正在学习过程中体会到反比例函数的价值。

在集体备课中，备课组老师达成一些基本共识。比如，反比例函数的研究是初中函数学习的终结章节，一次函数学习是函数学习的起始单元，在学生对于学习研究这个内容没有任何经验的时候，我们带着学生一起经历了如何一步步从函数解析式（数）到函数图象（形），又怎样多角度解读图形中蕴含的数量信息的全过程；学习二次函数的时候，学生已经有了一定的函数知识和研究函数的经验，我们用问题引领学生明确：类比一次函数的学习经历，尝试独立获得对二次函数图象和性质的认识。反比例函数的教学是函数的最后一章，我们希望学生在课堂上学习新知识的同时，巩固研究新函数的方法。最后还需要结合反比例函数的单元学习主题，反复讨论修改能够统领本章的单元活动：当矩形的面积一定时，矩形的长与宽有怎样的变化规律？这样才基本能完成反比例函数的单元学习主题的教学设计。

第三，从教研组的角度来看，深度学习绝不是某一个老师、某一个备课组能够独立完成的，它是一个宏大的、不同于以前教学的系统工程，那么就要求教研组甚至整个学校有一个有效的设计、实施、推进的方案。可以利用不同的形式推进深度学习的开展。比如，在深度学习教学改进项目的引领下，整个学科组会整体规划这个学期实施深度学习的推进计划；中期会定期召开学科会分享推进的情况和存在的困难以及深度学习课堂实践的案例；最后还会利用学科会，总结备课组实践情况，分享成果，彼此互相学习。学校也会利用校本培训，把各学科实践总结出的较好案例在全校范围内分享学习。如此利用学科组研讨、校本培训等方式，学习、分享、总结、再实践，才能一步一步达到深度学习的目标。

第四章

初中数学深度学习的教学案例①

---

① 本章给出四个案例，以期对几种单元学习主题教学设计的不同类型给出示例。每个案例都完整地给出了设计要求中的若干环节，供读者参考。

案例一

数的成长

> 教材版本：人教版（2013年出版）
>
> 授课年级：七年级
>
> 单元总课时：7课时
>
> 设计者、执教者：周海楠①

◉ 单元学习主题

1. 主题名称

数的成长。

2. 主题解读

从《标准（2011年版）》角度看，数学是研究数量关系和空间形式的科学，"数"无疑是数学中最基本的概念之一。"有理数"单元作为初中数学的起始内容，其核心知识是有理数的概念和有理数的运算，核心能力是运算能力。

如下页图所示，"数的成长"是运算完善的过程，新的运算对象的产生，解决了原数集的某些矛盾，研究对象之间的关系，产生新的运算法则，数集随之不断扩充。加法运算是四则运算的基础，同加数相加的运算就是乘法运算，同因数相乘的运算就是乘方运算。当出现小数减大数的时候，运算结果将出现负数，引入负数实现了加法和减法的可逆性和封闭性；减法可以用加法来定义，减去一个数等于加上这个数的相反数。除法运算将出现分数，引入分数可以实现乘法和除法

---

①　工作单位为北京市海淀区教师进修学校附属实验学校。

的可逆性和封闭性；除法可以用乘法来定义，除以一个数等于乘这个数的倒数。在这个过程中，数系经历了自然数系、有理数系、实数系和复数系等数系的发展和完善过程。

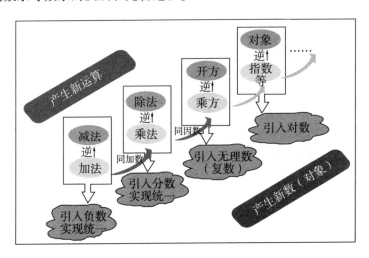

本单元基于培养学生的运算能力这一数学学科核心素养，以学生运算能力的表现（理解运算对象、掌握运算法则、探索运算思路、设计运算程式）为线索设计活动。

希望学生经历引入负数后探究有理数运算法则的过程，体会研究运算的一般思路和方法。如下页第一幅图所示，在式的学习过程中，用字母表示数，产生运算对象：单项式、单项式的加减法产生的多项式、除法运算产生的分式……。当运算对象从有理数到实数、整式、分式、根式不断成长时，希望学生在新的问题情境下能够根据研究数式运算的基本方法和策略，创造新的运算对象和运算法则，发展学生的创新能力，使得数的成长在知识上具有可持续性，研究方法上具有可迁移性。

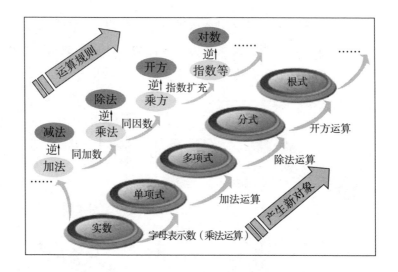

从单元内容角度看，本单元核心知识是有理数的相关概念和有理数的运算，可以概括为：

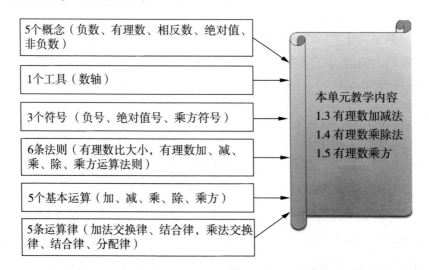

通过实际例子引入负数，会用正、负数表示实际问题的数量，从真实生活走进符号世界，培养学生的数学符号意识。感受负数的产生既是生产生活的需要，用以刻画现实世界中具有相反意义的量，又是数学自身将数集扩充为有理数集的需要，用以解决数集与运算封闭性的矛盾。

负数的引入产生新的研究对象——有理数，从数与形两个角度研究有理数；能用数轴上的点表示有理数，能比较有理数的大小；借助数轴理解相反数和绝对值的意义，掌握求有理数的相反数与绝对值的方法，知道 $|a|$ 的含义，培养数形结合的能力。

新的对象促使新的运算产生，新的运算又促使新的运算对象产生。学生经历探究有理数运算法则，掌握有理数的加、减、乘、除、乘方及简单的混合运算，理解有理数的运算律，能运用运算律简化运算，能运用有理数的运算解决简单的问题，初步体会研究运算的一般方法。

从学科素养角度看，运算能力的内涵是理解运算对象、掌握运算法则、探索运算思路、设计运算程式。（见下图）希望通过本单元学习，学生能够基于生活经验和运算正确理解新的运算对象有理数，掌握有理数的加减乘除运算法则，清楚运算过程中的算理，能够灵活运用法则进行计算，体会算法的普遍性和多样性，能够合理利用运算律寻求简洁的解决问题的途径，简化运算，在新的问题情境下能够创造新的运算对象，创造新的运算法则，设计运算程式。

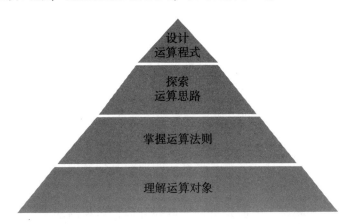

从学情角度看，数及其运算是中小学数学的核心内容。经过小学的学习，学生已经历从日常生活中抽象出数的过程，能够认识正整数、零、分数和小数，并理解分数、小数、百分数的意义。在生活中认识了一些可以用负数表示的量，如温度、电梯的楼层。学生能够进行正数和0之间的四则运算。但这种认识常常流于经验的层面，根据生活经验认识数量的关系，得到运算结果。例如，设计卖气球的情境——15个气球卖了9个，还有几个气球？以此来理解15-9的运算。对于引入负数后的运算法则缺乏理性的认识，不能解决所有有理数的运算问题。

虽然小学阶段学生已经接触了负数，有了一定的感性认识，但负数概念的建立仍然是学生学习的障碍点。通过学习，学生不断认识负数，不断体会"－"的三种意义：①运算符号；②表示一个数的性质的符号；③表示一个数的相反数的符号。

学生将经历5个环节的学习，逐步加深对于负数的认识。（见下图）

第1次，负数的概念的学习，理解负数表示具有相反意义的量；

第2次，数轴的学习，理解负数表示的点位于数轴的原点左侧；

第3次，相反数的学习，理解 a 的相反数是 $-a$；

第4次，绝对值的学习，理解负号表示一个数的性质符号；

第5次，有理数的运算学习，理解负号不仅可以表示性质符号，还可以表示运算符号，加、减、乘、除、乘方运算都要先定号再定值。

通过本单元的学习，学生从实际生活出发，经历从具体情境中抽象出数学符号的过程，理解有理数，能描述有理数的特征和由来，阐述有理数与相关对象（有理数、整数、分数及数轴、相反数、绝对值）之间的区别和联系。根据合情推理得到有理数运算的法则，理解有理数的运算律，能运用运算律简化运算，综合使用已掌握的有理数的运算并用于新的情境。思考问题开始从感性认识逐步向理性认识发展，逐步建立符号意识。

◉ **单元学习目标**

1. 目标确定

"数的成长"基于学生的认知，学生在不同阶段对数的认识见下表。

不同学段学生对数的认识

学段	学生认知水平
第一学段 (一至三年级)	经历从日常生活中抽象出数的过程，理解万以内数的意义，初步认识分数和小数；理解常见的量；体会四则运算的意义，掌握必要的运算技能，能准确进行运算；在具体情境中，能选择适当的单位，进行简单的估算
第二学段 (四至六年级)	体验从具体情境中抽象出数的过程，认识万以上的数；理解分数、小数、百分数的意义，了解负数的意义；掌握必要的运算技能；理解估算的意义
第三学段 (七至九年级)	体验从具体情境中抽象出数学符号的过程，理解有理数、实数、代数式、方程、不等式、函数；掌握必要的运算（包括估算）技能；探索具体问题中的数量关系和变化规律，掌握用代数式、方程、不等式、函数进行表述的方法

从第一学段开始，学生就系统地认识数及数量关系，学生基于生活认识非负数，学生思维形式以具体形象为主，注重使学生通过观察、操作、解决问题等丰富的活动初步建立数感；第二学段在第一学段的基础上，一方面由"初步认识分数和小数"提高了要求（理解分数、小数的意义），同时扩大了数的认识和运算的范围（理解百分数的意义）；第三学段则进一步扩大了数的认识和运算的范围，从自然数逐步扩充到有理数、实数，学生将不断丰富对数的意义及其运算的理解。数的运算伴随着数的形成与发展不断丰富，从最基本的自然数的四则运算，扩展到有理数的乘方、开方运算等，学生基于运算认识有理数。学生处在由具体形象思维向抽象逻

辑思维过渡阶段，在探究有理数运算的过程中不断体会、研究运算的方法，初步形成自我研究问题的意识，能够对研究其他运算进行方法的迁移。

2. 学习目标

（1）学生经历从具体情境中抽象出数学符号的过程，能从多个角度说明负数引入的必要性，能够阐述有理数与相关对象（整数、分数、数轴、相反数、绝对值）之间的区别和联系，学生经历有理数分类的过程，培养分类讨论能力。

（2）学生结合生活经验，利用数轴等工具，经历多角度探究、归纳、总结有理数加、减、乘、除、乘方运算及运算律的过程，提高运算能力，感悟研究运算的一般方法，体会数系及运算"成长"的规律和方法。

（3）学生经历探究有理数运算的过程，初步形成自我研究问题的意识，能够对研究其他运算进行方法的迁移。如通过字母表示数建立代数式，体会数式运算的研究方法策略。

◉ **单元学习活动**

1. 单元学习规划思路

学生在本单元的学习过程中，经历理解运算对象、掌握运算法则、探索运算思路、设计运算程式的过程，逐步培养运算能力。学生在学习本单元之前，通过第 1、2 课时的学习，已经认识和理解新的运算对象有理数。在本单元的学习过程中，通过前 5 课时的学习，经历引入负数后有理数运算的探究过程，掌握有理数的加、减、乘、除、乘方运算法则，结合实际生活经验以及运算之间的关系，清楚运算过程中的算理，不断体会运算法则研究的一般规律；通过第 6 课时的学习，学生能够正确运用法则，熟练进行有理数的混合运算，提高运算的熟练程度，清楚地意识到运算中的算理，能够灵活、合理利用运算律简化运算；通过第 7 课时的学习，学生能够迁移研究有理数运算的方法，在新的问题情境下，认识新的运算对象，利用新的运算法则进行运算，期待学生能够设计出新的运算程式。

下图就是本单元基于运算能力提升而进行的单元设计整体规划，以便于理解每个课时和单元目标之间的关系。

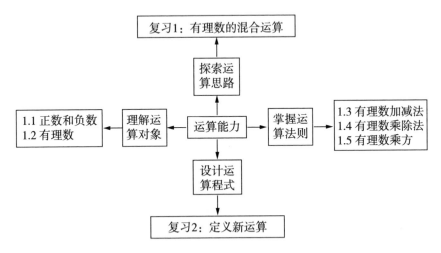

2. 单元学习规划

单元学习规划设计

课时	学习目标	学习内容	学习活动	学习资源
第1课时	学生结合生活经验，探究、归纳、总结有理数的加法法则，提高运算能力，初步体会运算法则研究的一般规律	有理数的加法	活动1：小组展示优秀的成长"数"作品。 活动2：成长"数"中的有理数进行加法运算，有哪些类型？每种类型如何计算？ 活动3：归纳总结有理数的加法法则	学生作品：成长"数"；PPT（课件）
第2课时	学生经历发现、提出、分析、解决、应用问题的过程，总结形成有理数的减法法则；理解有理数的加法与减法的可逆性，进一步体会运算法则研究的一般规律	有理数的减法	活动1：教师展示三亚2月某周的天气预报，根据资料你能得到哪些信息？ 活动2：教师展示北京2月某周的天气预报，每天的温差是多少？如何解释所得结果的合理性？ 活动3：根据你的生活经验，请你举例说明温差的计算，根据计算的过程，归纳总结有理数的减法法则	三亚2月某周的天气预报图片；北京2月某周的天气预报图片；PPT

续表

课时	学习目标	学习内容	学习活动	学习资源
第3课时	学生探究、归纳、总结有理数的乘法法则，提高运算能力，进一步体会运算法则研究的一般规律	有理数的乘法	活动1：乘法是多个相同数求和的简算，类比探究有理数的加法法则的过程，有理数的乘法运算有哪些类型？如何计算？ 活动2：请你解释计算的合理性，根据计算的过程，归纳总结有理数的乘法法则	PPT
第4课时	学生探究、归纳、总结有理数的除法法则，理解有理数乘法与除法的可逆性，进一步体会运算法则研究的一般规律	有理数的除法	活动1：类比探究有理数的乘法法则的过程，有理数的除法运算有哪些类型？请你写出有理数的除法运算算式并进行计算，请你解释计算的合理性。 活动2：根据计算的过程，归纳总结有理数的除法法则	PPT
第5课时	学生探究、归纳、总结有理数的乘方法则，提高运算能力，进一步体会运算法则研究的一般规律	有理数的乘方	活动1：乘方运算是多个相同数乘积的简算，类比探究有理数的乘法法则的过程，有理数的乘方运算有哪些类型？如何计算？ 活动2：请你解释计算的合理性，根据计算的过程，归纳总结有理数的乘方运算法则	PPT
第6课时	能够利用有理数加、减、乘、除、乘方运算及运算律进行混合运算，提高运算能力	有理数的混合运算	活动：有理数混合运算的顺序是什么？进行有理数混合运算	PPT
第7课时	在新的问题情境下，认识新的运算对象，利用新的运算法则进行运算，期待学生能够设计新的运算程式	复习课	活动1：定义新运算，对于任意有理数 a、b，都有 $a \oplus b = a(a-b) + 1$。等式右边是通常的加法、减法及乘法运算，比如，数字2和5在该新运算下结果为 -5，计算如下：	

续表

课时	学习目标	学习内容	学习活动	学习资源
第7课时			$2 \oplus 5 = 2(2-5)+1$ $= 2 \times (-3) + 1$ $= -6 + 1$ $= -5$ （1）求 $-2 \oplus \left(-\dfrac{3}{4}\right)$ 的值； （2）对任意有理数 a、b，请你重新定义一种新运算"$\oplus$"，使得数字 -4 和 3 在你定义的新运算下运算的结果为 20；写出你定义的新运算_____。 活动2：根据探究有理数运算的过程，设计新的运算程式	PPT

◉ **持续性评价**

持续性评价方案设计

序号	评价目标	评价任务	评价标准	评价方式
1. 初始理解活动	体会负数的引入产生新的研究对象——有理数；经历有理数分类的过程，培养分类讨论的能力	结合小学对所学数的认识及正、负数的学习，请画出成长"数"	1. 能说出小学所学的所有数并举出实例； 2. 能结合所学的正、负数将数进一步分类并说明自己分类的依据； 3. 能根据自己对数的形成过程的理解，画出自己的成长"数"，并能说清楚分类依据	班级展示； 小组评比

续表

序号	评价目标	评价任务	评价标准	评价方式
2. 探究性理解活动	学生结合生活经验，利用数轴等工具，经历多角度探究、归纳、总结有理数加、减、乘、除、乘方运算及运算律的过程，提高运算能力，感悟研究运算的一般方法，体会数系及运算"成长"的规律和方法	探究有理数的四则运算；思考小学的数的运算与初中的数的运算有何不同，初中的数的运算有何发展。举例说明	1. 能正确理解有理数运算法则，能多角度地对运算法则进行解释；2. 能清楚实施运算中的算理，能认识到初中的运算是先确定符号，再算绝对值 3. 能寻求简洁的解决问题的途径，体会算法的普遍性以及策略的多样性	学案、课堂观察、测试
3. 终结性理解活动	经历探究有理数运算的过程，初步形成自我研究问题的意识，能够对研究其他运算进行方法的迁移	用实际问题或数学背景，设计一种新的运算，研究它的运算对象、运算法则、运算律、运算程式	1. 能从身边提取实例研究问题；2. 能类比有理数研究的思路和方法进行设计	课堂展示、师生交流、课堂观察、测试

◉ **教师反思**

1. 基于素养进行单元教学设计

深度学习把学生的成功放在更长的时间轴上来考量，它关注的绝不仅仅是学生对知识技能掌握的深浅，而是全面关注学生成长各方面的能力、素养、情感等。深度学习所要求的"主题式教学"避免了知识的碎片化，试图将学生成长的各方面因素真正联系起来。以素养为主题符合深度学习理念，体现的不只是静态的知识内容系统，还是研究对象系统和问题系统，更是自主认识系统。本单元以有理数内容为载体，发展学生运算能力，由知识出发，建立素养培养目标。

2. 创设真实的问题情境，在问题驱动下发展学生深度思维

负数的产生既是生活和生产的需要，又是数学本身的需要。因此，教学中要加强与实际的联系，创设真实的问题情境。例如，举出现实生活中具有相反意义的量、举例说明 0 的意义、利用地铁线路图学习数轴、利用温差研究有理数的减法等。学生结合生活经验，带着问题去思考、探索、交流，经历从现实情境中抽象出数学知识与方法的过程，激发学习数学的兴趣，体会数学的作用。

3. 注重知识的"结合点"与"生长点"

数学知识的教学要把每堂课教学的知识置于整体知识的体系中，注重知识的结构和体系。本单元的设计基于培养学生运算能力这一核心素养。教师要关注学生在不同学段运算能力的体现，教学中要根据学情设计活动，在原有知识的基础上生成新的知识。

例如，学生在小学对数已经有了初步的认识，能够进行正数和零的四则混合运算。有理数的运算，是小学算术的延续和发展。数从自然数、分数扩展到全体有理数后，数的运算从内涵到法则都发生了变化，必须在原有的基础上重新建立。这种数的运算法则的变化，主要原因是增加了负数的概念，从而实现运算的可逆性、封闭性。教师要引导学生结合生活经验探究有理数的运算法则，同时体会研究运算的一般方法，后续学习通过用字母表示数建立代数式，代数式的运算又完全以有理数的运算为基础，类比有理数的运算研究式的运算，使得知识上具有可持续性，研究方法上具有可迁移性。

⊙ **附件**

深度学习（课时）教学流程

第 2 课时		
学习 目标	（1）经历发现、提出、分析、解决、应用问题的过程，总结形成有理数的减法法则； （2）理解有理数的加法与减法的可逆性，进一步体会运算法则研究的一般规律	

教学环节	学习活动	评价要点
环节一： 设计情境， 引入课题	活动1：教师展示三亚2月某周的天气预报 问题：根据资料你能得到哪些信息？ 学生活动： （1）计算每天的温差； （2）计算一周的平均气温； （3）分析气温的变化趋势； （4）比较大小：哪天的温度高，哪天的温差大； （5）了解三亚的地理位置、气候特点。	1. 学生是否对话题感兴趣； 2. 诊断学生已有的基础（正数的加法运算、减法运算，正数的平均数，正数的除法运算，正数比较大小）
环节二： 合作探究， 形成法则	活动2：教师展示北京2月某周的天气预报 	活动2评价： 1. 学生计算的方法和依据； 2. 学生利用所学知识能从不同角度解释所得结果的合理性，形成自己的认识，有说服力； 3. 诊断学生类比学习的能力

续表

教学环节	学习活动	评价要点
环节二：合作探究，形成法则	问题1：根据资料你又能得到哪些信息？ 学生活动： （1）计算每天的温差； （2）计算一周的平均气温； （3）分析气温的变化趋势； （4）比较大小：哪天的温度高，哪天的温差大； （5）了解北京的地理位置、气候特点； （6）北京与三亚的气温比较，南北的气温差距，也体现了祖国的辽阔，激发对祖国的赞美和热爱。 问题2：每天的温差是多少？如何解释所得结果的合理性？ 学生活动：计算温差。 预期计算 $9-(-4)$ 的角度： （1）利用有理数的减法法则：$9-(-4)=9+4=13$； （2）利用相反数：$-(-4)=4$，$9-(-4)=9+4=13$； （3）利用数轴：$9-(-4)$ 表示数轴上9与-4的距离为13； （4）从负数实际意义角度：海拔9米与海拔-4米的相对高度差为13米； （5）从有理数加减法互为逆运算角度：$13+(-4)=9$，$9-(-4)=13$。 活动3：根据你的生活经验，请你举例说明温差的计算。根据计算的过程，你能归纳有理数减法的法则吗？ 学生活动：根据计算温差的过程，猜想有理数减法的法则，再举出例子进行验证	活动3评价： 1. 能够列出算式计算温差； 2. 能够发现式子之间的等量关系； 3. 能够发现减法可以转化为加法这一规律； 4. 体会研究问题从特殊到一般的数学方法

续表

教学环节	学习活动	评价要点
环节三：练习巩固，应用法则	问题1：计算。 (1) $(-3) - (+5)$； (2) $0-7$； (3) $7.2-(-4.8)$； (4) $-3\frac{1}{2} - 5\frac{1}{4}$。 问题2：我国吐鲁番盆地最低点的海拔高度是$-154$米，死海的湖面低于海平面392米。哪里的海拔高度更低？低多少米？ 学生活动： (1) 学生画图理解吐鲁番盆地、死海的海拔高度； (2) 利用相反数的意义表示吐鲁番盆地、死海的海拔高度； (3) 利用有理数减法法则计算海拔高度差	1. 能够将减法转化为加法； 2. 准确计算加法，书写规范； 3. 能将实际问题转化为数学问题

板书设计

有理数的减法	
有理数减法法则： 减去一个数等于加上它的相反数。 减法 $\xrightarrow{\text{转化}}$ 加法	问题1：计算 问题2：（略）

作业设计

1. 填空题：

(1) $3-(-3) = $ _____；　　(2) $(-11)-2 = $ _____；

(3) $0-(-6) = $ _____；　　(4) $(-7)-(+8) = $ _____；

(5) $-12-(-5) = $ _____；　(6) 3比5大_____；

（7）–8 比 –2 小_____；　　（8）–4–_____= 10。

2. 计算：

（1）（–2.5）–5.9；　　　　（2）1.9–（–0.6）；

（3）$-\dfrac{3}{4}-\dfrac{1}{2}$；　　　　　（4）$\dfrac{2}{5}-\left(-\dfrac{1}{3}\right)$。

3. 2003 年 10 月 15 日，我们祖国"神舟"五号载人飞船发射成功。由于太空没有大气层保护，太阳照射时温度高达 100℃，没有阳光照射时温度低至 –200℃。二者的温度相差多少？

（案）（例）（二）

探究新函数①

> 教材版本：人教版（2013 年出版）
>
> 授课年级：九年级
>
> 单元总课时：2 课时
>
> 设计者、执教者：刘晴②、王艳平③

◉ **单元学习主题**

1. 主题名称

探究新函数。

2. 主题解读

（1）学科分析。

函数是初、高中数学的重要衔接点，初中阶段函数的概念、一次函数、二次函数、反比例函数是对函数知识的初步认识。在高中阶段，学生还将在此基础上，学习指数函数、对数函数、幂函数、三角函数等。虽然研究对象不同，但研究函数的方法却是相同的，因此，在初中阶段掌握研究函数的方法为高中阶段函数的学习奠定了重要的基础。

用函数的观点看方程、不等式，体现了函数在初中代数中的重要地位。函数是一个变化过程中两种变量的一种特殊对应关系，函数的

---

① 本案例中的"新函数"意指学生在教材中学习的几种具体函数之外的函数形式。

② 工作单位为北京市十一学校龙樾实验中学。

③ 工作单位为中国人民大学附属中学北京经济技术开发区学校。

学习是定量到变量的飞跃，蕴含着运动变化和对应的观点。函数与方程的知识内容中蕴含着"运动变化""变换对应""数形结合""数学模型"等重要的数学思想方法。函数与实际生活密切联系，是对实际问题进行建模的重要工具，在生活、实验研究等方面起着重要的作用。

（2）课程标准分析。

《标准（2011 年版）》中"数与代数"的"函数"部分，按照"总—分"的原则，先描述了学习函数基本概念的要求，又分别介绍了一次函数、二次函数和反比例函数各自的特性。具体涉及函数图象的要求分别是"能结合图象对简单实际问题中的函数关系进行分析"，"能画出一次函数的图象，根据一次函数的图象和表达式 $y = kx + b$（$k \neq 0$）探索并理解 $k>0$ 和 $k<0$ 时，图象的变化情况"，"能画出反比例函数的图象，根据图象和表达式 $y = \dfrac{k}{x}$（$k \neq 0$）探索并理解 $k>0$ 和 $k<0$ 时，图象的变化情况"，"会用描点法画出二次函数的图象，通过图象了解二次函数的性质"。这些内容都提到了每种函数的图象及性质，可见，对于每种函数来说，最重要的是通过函数图象得到函数的性质。

《标准（2011 年版）》和《普通高中数学课程标准（2017 年版）》都对信息技术在中小学数学课程与教学中的地位和作用进行了明确的阐述，指出现代信息技术的广泛应用正在对数学课程内容、数学教学等产生深刻的影响，提倡利用信息技术来呈现传统教学中难以呈现的教学内容。通过信息技术与数学学习的结合，帮助学生认识数学本质，鼓励学生运用计算机、计算器进行探索发现，学生在自主探究与合作交流的过程中，不仅要理解与掌握基本数学知识，还要掌握基本数学技能与数学思想方法，从整体角度认识数学。

（3）教材分析。

函数是初中数学的重要概念，初中阶段系统地学习了一次函数、二次函数、反比例函数，分别在人教版教材的八年级下册、九年级上册与下册。对函数的研究也是一脉相承的，根据实例概括出具体函数解析式，根据解析式，由自变量的取值求出相应的函数值，通过列表表示这些自变量的值与函数值，在坐标系中描点，用光滑的曲线把这些点顺次连接起来，得到函数图象，通过图象研究函数性质，再探索具体函数与相应方程的联系。但是因为代数式、方程等知识的固化思维的影响，学生在学习过程中更注重解析式的学习，忽视描点法画函数图象以及借助图象探究函数性质的重要性，这会影响学生对函数综合问题的解决以及未来高中阶段函数的学习。

通过本单元的学习，学生可以对已有的知识、经验、方法进行迁移，亲历知识形成的过程，整体感知函数的学习方法，选择合适的方法探究陌生函数的特征；同时对于复杂的函数，学生借助图形计算器画函数图象，并会从解析式角度再认识函数特征，让学生进一步理解函数的内涵，对研究函数的思路和方法进行归纳、总结，实现方法上的提升。

函数图象是研究函数性质的直观载体，从图象上可以观察函数的变化规律，整体上把握函数性质，但是难以深入局部和细节。而通过函数的解析式可以对函数的性质进行细微的"解读"，但很抽象，不直观。本单元主要是把函数图象与解析式结合起来，研究函数特征，体现了数形结合思想。正像著名数学家华罗庚先生所说："数缺形时少直观，形少数时难入微；数形结合百般好，隔离分家万事休。"数形结合的优势体现于此。

（4）学生分析。

学生在本节课之前，已经学习了函数的定义、一次函数、二次函数和反比例函数的图象及特征，经历过观察函数图象、归纳函数特征的过程，对研究函数特征的方法也有一定了解，可以通过迁移，结合函数的图象研究特征。但有些学生可能忘记函数的特征包含哪些角度，可以适当引导学生回忆学过的函数的研究角度。除此之外，对于一个新的函数来说，函数解析式的结构不常见，函数图象的形态也不确定，学生在使用描点法时，可能不确定某点或某段上的函数值，不能准确地描述函数图象的整体走势，此时，可以借助函数解析式，分析函数值，猜测图象大致的走势，再利用图形计算器等绘制函数图象，进而验证猜想的正确性，研究函数特征，回归到解析式，"再认识"函数特征。

依据深度学习教学改进项目单元学习主题确定的模型，从教材、课标、学情三个维度的分析我们可以看出，函数不但是数学学科的核心概念，还是中学数学课程中承载育人作用的核心知识载体。现实世界里的函数无穷无尽，而我们所能学习的函数模型是非常有限的，"授之以鱼不如授之以渔"，因此在对三类基本函数进行教学的时候，除了关注相应函数的性状的研究之外，还要引导学生感悟研究函数的基本方法和研究函数问题的维度。本单元作为复习课，会通过"新函数"问题的提出激活学生已有的研究函数的基本方法和对研究函数的维度的认识，同时也会很好地激发学生认识新函数解决新问题的热情和信心。

◉ 单元学习目标

1. 目标确定

学生学习了函数的基本概念以及一次函数、二次函数和反比例函数，对三种基本函数有了一定的认识。函数的图象与性质是研究函数的重要方面，始终贯穿在每一种函数的学习过程中，通过对函数的图象与性质的研究，学生可以更好地理解函数的概念。在实际问题中，我们遇到的函数不只是这三种，然而这三种基本函数可以作为知识载体，通过回顾每一种函数的研究过程，总结归纳出研究一般函数的方法。首先，对学科知识结构形成过程中积累的思维经验进行提升，将知识上升到方法的层面，体现学科素养的核心能力；其次，关注研究数学问题的过程，增强学生对数形结合和转化思想的认识；再次，在面对某些复杂函数时，可以借助信息技术帮我们解决问题，体现信息技术作为工具的作用；最后，学生掌握了研究一般函数的方法，为后续高中或大学阶段进一步研究函数奠定基础。

2. 学习目标

（1）从一个具体的具有挑战性的问题出发，运用已有的知识和经验，经历研究新函数的完整过程，将在学习一次函数、二次函数、反比例函数等不同的函数知识的过程中积累的经验提升到一般的方法层面，对研究函数的方法有整体的把握。

（2）在具体研究新函数的过程中，善于根据解析式或通过寻找与已知函数之间的关系，画出函数的图象，并进一步得到函数的特征。

（3）借助图形计算器，精确画出较为复杂的函数的图象，会从解析式角度再认识函数特征，体会数形结合思想的意义。

◉ **单元学习活动**

1. 单元学习规划思路

"探究新函数"专题复习以学生掌握研究一般函数的方法为整体目标，在复习阶段以不同的新函数作为教学素材，从已有的研究函数的经验出发，总结出研究新函数的角度，探究新函数的性质，并运用技术手段——图形计算器，不断地深化对新函数的性质的认识。

本课题需要 2 课时完成。第一课时引导学生在已有的函数研究的基础上，对不同的新函数的性质进行探究；第二课时运用图形计算器精确画复杂函数图象，会从解析式角度再认识函数特征。

2. 单元学习规划

单元学习规划设计

课时	学习目标	学习内容	学习活动	学习资源
第1课时	（1）经历研究函数的完整过程，体会研究函数的基本方法； （2）能根据解析式或通过寻找与已知函数之间的关系，画出函数的图象，并得到函数的特征； （3）体会函数图象在函数问题中的重要作用，体会数形结合思想	初探新函数	第一节主要以独立探究和小组交流的学习方式为主。 首先由实际问题得到函数 $y=\dfrac{1}{x-1}$，通过回忆已有的学习经验，确定研究函数特征的五个方面，然后独立完成 $y=\dfrac{1}{x-1}$ 的函数特征的探究，并小组交流遇到的问题，总结归纳出研究函数特征的两种方法：（1）寻找与已知函数之间的关系。（2）分析解析式，观察图象，归纳函数特征； 接着，探究变式 $y=\dfrac{1}{x-1}+2$ 的函数特征，只说研究思路； 再研究 $y=\dfrac{1}{x^2}$ 的函数特征，体会从函数解析式入手，可以简化研究过程，接着探究变式 $y=\dfrac{1}{x^2}$ 的函数特征；最后反馈练习 $y=\dfrac{2x-6}{x-2}$ 和 $y=\dfrac{x^2-1}{x}$ 的函数特征，并进行课堂总结，布置作业——研究 $y=\dfrac{1}{2}x^2+\dfrac{1}{x}$ 的函数特征和开放性选做作业	坐标纸、三角板

续表

课时	学习目标	学习内容	学习活动	学习资源
第 2 课时	（1）能根据解析式或通过寻找与已知函数之间的关系，画出函数的图象，并得到函数的特征； （2）借助图形计算器，精确画复杂函数图象，会从解析式角度再认识函数特征； （3）体会函数图象在函数问题中的重要作用，体会数形结合思想； （4）在探究函数特征的过程中，培养学生严谨的科学态度和勇于探索的态度，并有团队合作意识	对新函数图象与性质的探究	本节课采用的是小组讨论、合作交流的学习方式，借助多媒体与图形计算器的教学方式。首先，问题 1：探究函数 $y=\frac{1}{2}x^2+\frac{1}{x}$ 的函数特征。学生在分享交流过程中发现问题，体会数形结合思想。 其次，利用已知简单初等函数构造新函数 $y=x+\frac{1}{x}$，$y=x-\frac{1}{x}$，$y=\frac{1}{x}-x$，$y=\frac{1}{2}$，$y=x^2+\frac{1}{x}$，$y=x^2-\frac{1}{x}$，$y=\frac{1}{x}-x^2$，$y=x^2\pm x$，$y=x\pm x^2$，观察函数解析式结构特点，将新函数分为两组，分别选一个研究新函数特征，经历观察猜想的过程。 再其次，利用图形计算器验证自己的猜想，发现问题。 再次，根据前面的研究，准确画出 $y=x+\frac{1}{x}-x$，$y=x+\frac{1}{x}-x^2$ 的图象，体会图象变换思想。由函数图象回归到解析式，用所学习的知识进行推理，由感性认识上升到理性认识。 最后，课堂小结，布置作业	图形计算器

◉ **持续性评价**

持续性评价方案设计

序号	评价目标	评价任务	评价标准	评价方式
1	经历研究函数的完整过程，体会研究函数的基本方法	（1）回忆一次函数、二次函数和反比例函数的研究角度，引导学生回忆已有的研究函数的完整经验； （2）让学生独立探究 $y=\dfrac{1}{x-1}$ 的性质	（1）能够正确地作出函数图象，根据图象表述出函数的部分性质； （2）能够正确地作出函数图象，根据图象分析函数的解析式，表述出函数的性质； （3）寻找与已知函数之间的关系，探究函数的性质	课堂提问，学习任务单
2	能根据解析式或通过寻找与已知函数之间的关系，画出函数的图象，并得到函数的特征	（1）研究 $y=\dfrac{1}{x-1}+2$ 的函数特征； （2）研究 $y=\dfrac{1}{x^2}$ 的函数特征； （3）研究 $y=-\dfrac{1}{x^2}$ 的函数特征； （4）研究 $y=\dfrac{2x-6}{x-2}$ 的函数特征； （5）探究函数 $y=\dfrac{x^2-1}{x}$ 的特征	（1）能够正确地作出函数图象，并根据图象表述出函数的部分性质； （2）能够正确地作出函数图象，结合图象表述出函数的重要性质； （3）能够从函数图象和解析式的角度，表述出函数的重要性质	学习任务单
3	借助图形计算器，精确画复杂函数图象，会从解析式角度再认识函数特征	（1）用图形计算器画函数 $y=\dfrac{1}{2}x^2+\dfrac{1}{x}$ 的图象，验证你的猜想	（1）利用图形计算器，准确地作出函数的图象，阐述出函数的部分性质； （2）利用图形计算器，准确地作出函数的图象，阐述出函数的性质	学习任务单，图形计算器操作，课堂分享交流

续表

序号	评价目标	评价任务	评价标准	评价方式
3		(2) 应用：$y=x$，$y=x^2$，$y=\dfrac{1}{x}$，通过 $+$、$-$ 构造新函数（用其中任意两个）	(3) 能够利用已有的函数构造出新的函数，利用图形计算器准确地作出函数的图象，并阐述出函数的性质	
4	体会函数图象在函数问题中的重要作用，体会数形结合思想	你能准确画出 $y=\dfrac{1}{x}-x$，$y=\dfrac{1}{x}-x^2$ 的函数图象吗？	(1) 利用坐标纸或图形计算器准确地作出函数图象； (2) 利用坐标纸或图形计算器准确地作出函数图象，并根据函数图象表述出部分函数的性质； (3) 利用坐标纸或图形计算器准确地作出函数图象，并根据函数图象准确地表述出函数的重要性质	学习任务单，图形计算器操作，课堂分享交流

◎ 教师反思

本节课的课堂是以学生为主体的，教师进行引导，并采用探究式和问题式相结合的教学方法实施教学。首先通过一次函数、二次函数、反比例函数的学习经验总结归纳出研究函数的一般经验，获得研究函数特征的方法：（1）寻找与已知函数之间的关系。（2）分析解析式，观察图象，归纳函数特征，从知识层面上升到方法的层面；然后以小组为单位，探究新的函数及变式的特征，引导学生在探究过程中，获得研究函数的角度和方法，并深入思考面对不同情况应采取的方案。第一环节的铺垫让学生回忆起已有的经验，快速地投入讨论，因为从初一就开始培养学生进行小组讨论，所以学生的分工明确，讨论很投入，让学生充分体验知识形成的过程，提升了课堂效率。

学生在讨论的过程中，实现了真正的思考。印象最深的是在研究 $y = \dfrac{1}{2}x^2 + \dfrac{1}{x}$ 的函数特征时，有一个组的学生争论得比较激烈，我站在他们旁边听他们的讨论，他们对第一象限的最小值或者第一象限中增减性的分界点在哪儿产生了疑问。比如，有的学生会认为在第一象限中，最小值在 $x=1$ 处取得，而有的学生认为最小值有可能在 $1<x<2$ 处取得。针对学生提出的争议，我并不给予正确与否的回答，而是让他们到教室前面跟大家分享自己的结论，并说出自己的理由；然后鼓励他们课下运用信息技术，如几何画板或图形计算器，准确地画出函数图象，验证自己结论的正确性，再反观函数的解析式，思考为什么，实现对问题的"再认知"。学生提出的问题，既可以作为课堂生发出的新问题，让学生们讨论，并阐述自己的理由，又为下节课使用信息技术绘制函数图象做了铺垫。

⊙ **附件** 1

深度学习（课时）教学流程

第 1 课时		
学习目标	(1) 经历研究函数的完整过程，体会研究函数的基本方法； (2) 能根据解析式或通过寻找与已知函数之间的关系，画出函数的图象，并得到函数的特征； (3) 体会函数图象在函数问题中的重要作用，体会数形结合思想	
教学环节	**学习活动**	**评价要点**
环节一：创设问题情境，引入新知	问题 1：某工程队承担一段长为 1 万米的修路任务，如果该工程需要 x 天完成，工程进行中间让工人们休息一天，每天工作的长度为 y 万米，请写出 y 关于 x 的函数关系式是_____。 答案：$y=\dfrac{1}{x-1}$。 【设计意图】由实际情境问题，引出本节课研究的函数，更贴近实际生活，使学生体会函数的模型思想，为之后探究一般函数的特征做铺垫。 问题 1-1：回忆一次函数、二次函数和反比例函数，我们是从哪些方面研究函数的？这三个函数共同的研究角度是什么？ 共同的研究角度是： (1) 自变量 x 的取值范围； (2) 函数值 y 的取值范围； (3) 增减性； (4) 对称性 $\begin{cases} \text{轴对称} \\ \text{中心对称} \end{cases}$； (5) 最值。 教师总结：对于函数，我们通常从以上五个角度进行研究，也是我们研究函数基本特征的五个方面。 【设计意图】通过回顾学过的函数的研究流程，明确探究新函数特征的五个角度	(1) 学生是否能正确地写出 y 关于 x 的函数关系式； (2) 学生能否根据已有的学习经验，提炼出研究函数的几个重要角度

教学环节	学习活动	评价要点
环节二： 合作交流， 探究新知	问题2：问题1中的 $y=\dfrac{1}{x-1}$，不是我们学习过的函数，请你制订方案，研究 $y=\dfrac{1}{x-1}$ 的函数特征。 教师巡视，发现学生画图过程中出现的有价值的问题，引导学生思考、分析原因，及时改正。 小组讨论，各组派一名同学展示成果。 预设：有的小组通过分析解析式，运用描点法画出函数图象，观察函数图象，归纳出函数的特征；有的小组发现 $y=\dfrac{1}{x-1}$ 可以由 $y=\dfrac{1}{x}$ 向右平移一个单位得到对应的函数图象或函数的特征。 【设计意图】让学生亲自经历探究函数特征的过程，在探究的过程中，学生有二次函数图象平移的经验，因此，有的学生除了获得函数的特征，还会发现在平面直角坐标系中，$y=\dfrac{1}{x-1}$ 可以由 $y=\dfrac{1}{x}$ 向右平移一个单位得到。 学生在探究和小组交流的时候，会有很多新的问题产生，引导小组内的学生积极思考，阐述自己的观点及理由，很好地实现"深入"学习。 问题3：通过刚才的探究过程，请你总结研究函数特征的方法。 研究函数特征的方法： （1）寻找与已知函数之间的关系； （2）分析解析式，观察图象，归纳函数特征。 【设计意图】总结研究函数特征的方法，使思维经验上升到方法的层面。 问题4：将问题2变式，研究 $y=\dfrac{1}{x-1}+2$ 的函数特征。 （视学生的实际情况而定，如果学生基础薄弱，可不问该问题）	（1）学生能否规范地作出新函数的图象，并根据函数图象正确地表述函数的性质； （2）学生能否将新函数与熟悉的函数建立关系，根据已有的经验，快速获得函数的图象，进而正确表述函数性质

教学环节	学习活动	评价要点
环节二： 合作交流， 探究新知	把 $y=\dfrac{1}{x-1}$ 的图象向上平移 2 个单位得到函数图象，借助函数图象，归纳函数特征。 【设计意图】希望学生能应用刚获得的经验——寻找新函数与已知函数的关系，并不需要学生真正画出函数图象，只要说出研究思路即可。 问题 5：研究 $y=\dfrac{1}{x^2}$ 的函数特征。 预设：有的学生会直接运用描点法作出函数图象，然后根据图象得到函数特征，但在选点的时候，学生可能只考虑自变量 x 为整数的情况，老师要及时予以指导，只选整数的 x 并不能很好地描绘出函数在 $0<x<1$ 或 $-1<x<0$ 时的函数图象趋势；有的学生不着急描点，而是先观察函数解析式或列表计算几个点坐标，发现函数图象关于 y 轴对称，因此，只要画出 $x>0$ 时的函数图象，将其关于 y 轴对称，即可获得 $x<0$ 时的函数图象，根据图象得到函数特征。 【设计意图】$y=\dfrac{1}{x^2}$ 与反比例函数 $y=\dfrac{1}{x}$ 在结构上有共同点，因此，在列表选点的时候，可以参考反比例函数的取点，x 既要选取整数，也要选取 $0<x<1$ 或 $-1<x<0$；这个问题也启发学生在研究函数特征的时候不要急于列表，可以先观察函数解析式，发现其对称性，高效获得函数图象。 问题 6：将问题 5 变式，研究 $y=\dfrac{1}{x^2}$ 的函数特征。 （视学生的实际情况而定，如果学生基础薄弱，可不问该问题。） 把 $y=\dfrac{1}{x^2}$ 的图象关于 x 轴得到函数图象，借助函数图象，归纳函数特征	

教学环节	学习活动	评价要点
环节二： 合作交流， 探究新知	【设计意图】希望学生能灵活运用两个函数的对称性快速解决问题。这并不需要学生真正画出函数图象，只要说出研究思路即可	
环节三： 课上反馈， 巩固新知	反馈1：研究 $y=\dfrac{2x-6}{x-2}$ 的函数特征。 【设计意图】让学生巩固前面已获得的学习经验，深刻地体会研究新函数的方法。 反馈1：学生可以按照"分析解析式，观察图象，归纳函数特征"的方式得到函数的特征，也可以对解析式进行整理变形，得 $$y=\frac{2x-6}{x-2}$$ $$=\frac{2(x-2)-2}{x-2}$$ $$=\frac{-2}{x-2}+2$$ 可知，该函数可由 $y=-\dfrac{2}{x}$ 平移得到。 反馈2的函数是由学生们熟悉的一次函数和反比例函数相加得到的，然而图象并不是两个函数图象的"相加"。 反馈2：探究函数 $y=\dfrac{x^2-1}{x}$ 的特征。 （1）下表是 y 与 x 的几组对应值，通过观察表格，你发现什么结论？ | x	…	-3	-2	-1	$-\frac{1}{2}$	$-\frac{1}{3}$	$\frac{1}{3}$	$\frac{1}{2}$	1	2	3	…
---	---	---	---	---	---	---	---	---	---	---	---	---
y	…	$-\frac{8}{3}$	$-\frac{3}{2}$	0	$\frac{3}{2}$	$\frac{8}{3}$	$-\frac{8}{3}$	$-\frac{3}{2}$	0	$\frac{3}{2}$	$\frac{8}{3}$	… | （2）如下页图所示，在平面直角坐标系中描出了以上表中部分对应值为坐标的点，请你补全函数图象，并总结出函数的特征	（1）关注学生能否准确地作出函数图象； （2）关注学生能否从自变量 x 的取值范围、数值 y 的取值范围、增减性对称性、最值等角度表述函数的性质

续表

教学环节	学习活动	评价要点
环节三： 课上反馈， 巩固新知	【设计意图】由于课堂时间有限，因此通过设置问题，突出核心的内容。（1）希望学生通过观察表格中的数据，发现该函数关于原点中心对称，降低绘图难度，提高效率；通过该问题，希望学生研究函数，先从函数解析式或列表入手，发现其对称性，然后画出部分图象，利用对称性获得另外部分的图象，然后根据图象获得函数的特征。（2）让学生再次体会如何利用函数的对称性降低解决问题的难度。	
环节四： 课堂小结	课堂小结：谈谈这节课你有什么收获？	学生能否收获本节课的知识、方法和学习经验，使学生对探究函数的特征有一个较为整体、全面的认识

板书设计

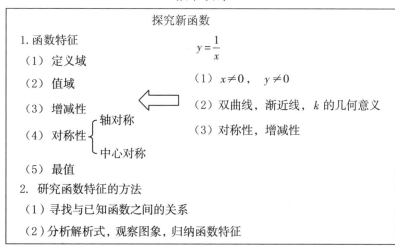

探究新函数

1. 函数特征

（1）定义域

（2）值域

（3）增减性

（4）对称性 —— 轴对称、中心对称

（5）最值

2. 研究函数特征的方法

（1）寻找与已知函数之间的关系

（2）分析解析式，观察图象，归纳函数特征

$y = \dfrac{1}{x}$

（1）$x \neq 0$，$y \neq 0$

（2）双曲线，渐近线，k 的几何意义

（3）对称性，增减性

⊙ **附件 2**

深度学习（课时）教学流程

第 2 课时	
学习目标	（1）能根据解析式或通过寻找与已知函数之间的关系，画出函数的图象，并得到函数的特征； （2）借助图形计算器，精确画复杂函数图象，会从解析式角度再认识函数特征； （3）体会函数图象在函数问题中的重要作用，体会数形结合思想； （4）在探究函数特征的过程中，培养学生严谨的科学态度和勇于探索的态度，并有团队合作意识

教学环节	学习活动	评价要点
环节一： 分享交流	问题 1：探究函数 $y = \dfrac{1}{2}x^2 + \dfrac{1}{x}$ 的函数特征。 问题 2：从哪几个角度研究函数 $y = \dfrac{1}{2}x^2 + \dfrac{1}{x}$ 的特征？ 预设： （1）自变量的取值范围； （2）函数值的取值范围； （3）函数的最值	（1）能零散地说出函数的性质； （2）能正确作出函数图象或利用图形计算器画出函数图象 （3）能正确表述出函数的重要

教学环节	学习活动	评价要点
环节一： 分享交流	（4）函数值 y 随自变量 x 的变化而变化的趋势； （5）函数图象与坐标轴的交点； （6）函数图象的对称性； （7）函数零点； （8）函数图象的渐进性。 问题1是上节课的作业，学生选择合适的方案探究函数特征，找一名学生展示自己的成果，其他学生相互补充。 备注：（1）—（5）是初中现阶段常研究的特征，（6）—（8）视学生情况决定是否补充。 【设计意图】通过探究问题的作业成果展示，学生在相互补充与讨论中，碰撞思维的火花，培养考虑问题的严谨性。 问题3：探究函数特征的过程中，你遇到了什么问题？是否解决了？你是怎么解决的？ 预设：（1）描点。怎么取点能较准确地得到函数的大致图象？ （2）连线——看函数图象与 y 轴是否有交点。 （3）增减性——确定第一象限中增减性的分界点。 （4）在第一象限有最小值，x 取何值时，函数有最小值？ 学生交流探究过程中的难点，并且说说是怎么思考的。教师鼓励学生大胆表达，学生展示成果与讨论过程中，能解决（1）（2）两个问题，但是（3）（4）两个问题的本质是一样的，要确定第一象限的最低点。 教师总结：由解析式猜测函数图象，探究函数特征，对于某些模棱两可的问题，就初中现阶段而言，只有借助信息技术画出精确的函数图象才能解决。 问题4：用图形计算器画函数 $y = \dfrac{1}{2}x^2 + \dfrac{1}{x}$ 的图象，验证你的猜想。 【设计意图】用描点画图象时，先分析函数解析式的	性质； （4）能通过学过的图象和 $y = \dfrac{1}{2}x^2 + \dfrac{1}{x}$，总结出研究函数的重要角度

教学环节	学习活动	评价要点
环节一：分享交流	结构特点，猜测图象大致的变化趋势，再选取具有代表性的点。要有严谨的探究态度，能体会到描点画图象的局限性。鼓励学生借助图形计算器画精确的图象，得到函数特征。"式决定形，形再认识式"，体会数形结合思想	
环节二：探究新知	问题5：观察函数 $y=\dfrac{1}{2}x^2+\dfrac{1}{x}$ 解析式的结构表达形式以及函数图象，你能联想到什么？ 预设：二次函数与反比例函数是通过加减运算构造的。 【设计意图】初中阶段学生能接触的新函数，是在已知函数（一次函数、反比例函数、二次函数）基础之上构建的。通过观察结构形式，将未知内容转化为已知知识，减少陌生感。同时，这也为下阶段探究做了铺垫。 问题6：应用 $y=x$，$y=x^2$，$y=\dfrac{1}{x}$，通过加减构造新函数（用其中的任意两个）。 预设：$y=x+\dfrac{1}{x}$，$y=x-\dfrac{1}{x}$，$y=\dfrac{1}{x}-x$，$y=x^2+\dfrac{1}{x}$，$y=x^2-\dfrac{1}{x}$，$y=\dfrac{1}{x}-x^2$，$y=x^2\pm x$，$y=x\pm x^2$。 问题7：通过学习，你能给出哪个函数的图象趋势图？ 预设：$y=x^2\pm x$，$y=x\pm x^2$，$y=x^2+\dfrac{1}{x}$，$y=x+\dfrac{1}{x}$。 前两个函数是学生熟悉的二次函数，通过问题1的铺垫，在教师的鼓励下，学生进行大胆猜测并用图形计算器验证自己的猜测，从而会对其他几个函数图象有所认识。 问题8：你能将构造出的新函数依其解析式的结构特点进行分类吗？并请尝试分析同类函数图象的关系	（1）能够构造出新的函数； （2）能正确地作出函数的图象； （3）能准确地表述出函数的性质； （4）能建立不同函数的联系

教学环节	学习活动	评价要点
环节二：探究新知	预设：一次函数与反比例函数的构建—— $y=x+\dfrac{1}{x}$，$y=x-\dfrac{1}{x}$，$y=\dfrac{1}{x}-x$； 二次函数与反比例函数的构建—— $y=x^2+\dfrac{1}{x}$，$y=x^2-\dfrac{1}{x}$，$y=\dfrac{1}{x}-x^2$； 二次函数——$y=x^2\pm x$，$y=x\pm x^2$。 【设计意图】观察结构形式分类，确定探究对象，猜测一类新函数图象之间的关系。 $y=x-\dfrac{1}{x}$ 与 $y=x^2-\dfrac{1}{x}$ 的函数特征。 问题9：根据函数解析式结构特点，画出函数图象的大致趋势，标出关键点。 实施过程： （1）班级学生分为两个小组，每个小组研究一个。 （2）任选其中两组学生展示小组成果，说说图象猜测的依据。 （3）教师重点分析其中一个小组的成果。 （4）借助图形计算器验证自己的猜想，比较不同点，并说明为什么。 【设计意图】由解析式猜测、分析图象的特点，并用图形计算器验证猜想，进一步思考猜测得是否准确的原因，为学习函数积累活动经验。 问题10：你能准确画出 $y=\dfrac{1}{x}-x$，$y=\dfrac{1}{x}-x^2$ 的函数图象吗？ 教师巡视，小组讨论，各小组派一名代表展示成果。 借助图形计算器验证（见下页图）： （1）$y=x^2-\dfrac{1}{x}$，$y=\dfrac{1}{x}-x^2$； （2）$y=x-\dfrac{1}{x}$，$y=\dfrac{1}{x}-x$	

教学环节	学习活动	评价要点
环节二： 探究新知	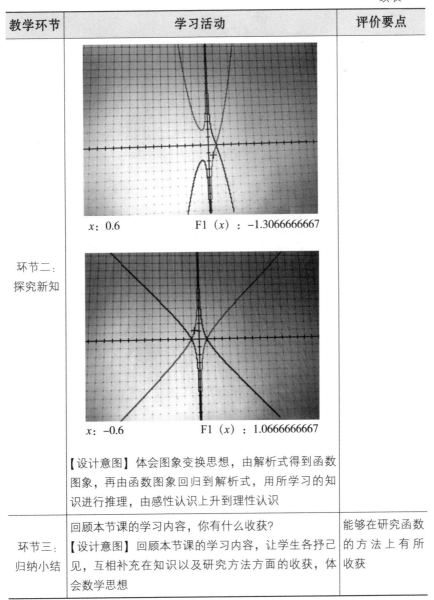 【设计意图】体会图象变换思想，由解析式得到函数图象，再由函数图象回归到解析式，用所学习的知识进行推理，由感性认识上升到理性认识	
环节三： 归纳小结	回顾本节课的学习内容，你有什么收获？ 【设计意图】回顾本节课的学习内容，让学生各抒己见，互相补充在知识以及研究方法方面的收获，体会数学思想	能够在研究函数的方法上有所收获

作业设计

课时	作业内容
第 1 课时	作业：选择合适的方法（如果需要，可以借助信息技术、图形计算器或几何画板等），完成以下两道题。 （1）研究 $y=\dfrac{1}{2}x^2+\dfrac{1}{x}$ 的函数特征； （2）（选做）自己找一个新的函数，研究其函数特征
第 2 课时	借助图形计算器探究：$y=x^{-2}$，$y=x^{-1}$，$y=1$，$y=x^{0.5}$（$y=x^{0.5}=\sqrt{x}$），$y=x$，$y=x^2$，$y=x^3$，$y=x^4$ 的函数特征，比较它们函数特征的异同。观察函数解析式的特点，你能到什么启示与相关结论？

案例三

"红包"里的数学

教材版本：北师大版（2014年出版）

授课年级：九年级

单元总课时：2课时

设计者、执教者：章巍[1]

⦿ 单元学习主题

1. 主题名称

"红包"里的数学。

2. 主题解读

本单元是在学生系统学习了初中"统计与概率"知识的基础上完成的复习课。设计时长为2课时，可根据实际情况做弹性处理。

"统计与概率"教学的核心是培养学生的数据分析观念。数据分析作为数学学科六个核心素养之一，在《普通高中数学课程标准（2017年版）》中是这样表述的："数据分析是指针对研究对象获取数据，运用统计方法对数据进行整理、分析和推断，形成关于研究对象知识的素养。……

"数据分析是研究随机现象的重要数学技术，是大数据时代数学应用的主要方法，也是'互联网+'相关领域的主要数学方法，数据分析已经深入到科学、技术、工程和现代社会生活的各个方面。"[2]

---

① 工作单位为北京市十一学校一分校。

② 中华人民共和国教育部. 普通高中数学课程标准：2017年版［M］. 北京：人民教育出版社，2018：7.

　　《标准（2011 年版）》也将"数据分析观念"作为核心概念，其指出："了解在现实生活中有许多问题应当先做调查研究，收集数据，通过分析作出判断，体会数据中蕴涵着信息；了解对于同样的数据可以有多种分析的方法，需要根据问题的背景选择合适的方法；通过数据分析体验随机性，一方面对于同样的事情每次收集到的数据可能不同，另一方面只要有足够的数据就可能从中发现规律。数据分析是统计的核心。"①

　　由于是总复习阶段的课型，因此学生已经在前面两年多的时间里，陆续完成了对"统计与概率"相关知识的学习，具备了一定的统计观念。但由于时间关系和学习的阶段性，学生对这些知识的记忆会有流失，可能产生碎片化的特点。同时，多数学生还没有形成综合运用的能力，运用这些统计手段综合分析和解决问题的能力也不足。这也正是综合复习的目的所在。

　　不同版本教材对于"统计与概率"这一学习领域的知识，分布位置和分解的章节不尽相同。以北师大版教材为例，涉及章节分别是"数据的收集与整理"（七年级上册）、"概率初步"（七年级下册）、"数据的分析"（八年级上册）、"概率的进一步认识"（九年级上册）。但不同版本教材大多采取螺旋上升的原则，最后达到的标准要求是一致的，并不影响总复习阶段对本单元教学设计的运用。

◉ 单元学习目标

　　1. 目标确定

在这个学段，这部分在《标准（2011 年版）》中的定位主要包括：

（1）数据分析过程。

数据分析的过程可以包括收集数据、整理数据、描述数据和分析数据。

（2）数据分析方法。

普查与抽样调查的区别和联系，抽样的必要性、原则和简单随机

---

①　中华人民共和国教育部．义务教育数学课程标准：2011 年版 ［M］．北京：北京师范大学出版社，2012：6.

抽样；条形、扇形和折线统计图、频数和频数分布直方图。刻画数据集中趋势的统计量——平均数、中位数和众数与刻画数据离散程度的统计量——方差。

（3）数据的随机性、随机现象及简单随机事件发生的概率。

数据的随机性主要有两层含义：一方面对于同样的事情每次收集到的数据可能会是不同的，另一方面只要有足够的数据就可能从中发现规律。学生能通过列表、画树状图等方法列出简单随机事件所有可能的结果，以及指定事件发生的所有可能结果，从而了解并获得事件的概率；同时，知道通过大量重复试验，可以用频率来估计概率。

我们发现，当前初中的统计教学与复习中有一些亟待改进的地方。主要是："掐头去尾烧中段"的现象比较严重，既很少谈到统计知识的产生过程和来由，又很少有机会让学生在现实情境中去真实运用统计知识解决问题。所以，学生往往很难接触统计的完整过程，这对统计意识和观念的形成造成了很大的障碍。

此外，在统计教学中，我们更多地重视了技能训练，如统计量的运算与统计图的绘制，却忽视了统计观念的培养，把统计教学矮化成了"小学算术和作图"，学生在学习了一系列统计知识后，仍没有自觉运用统计思想思考和解释生活现象或问题的意识。

再有，现在的统计教学明显与现代信息技术的联系不足。特别是近年来"互联网+"在教育中的应用日益明显，计算机的统计功能日益完善并越来越强大。在此背景下，教学手段就显得更加滞后了。

针对以上统计教学中的不足，本单元设计力求突破传统复习课"知识梳理+题型演练"的机械模式，借助时代性较强的问题背景，通过在该背景下发现和提出一系列的问题，并对其进行分析和解决的过程，巧妙地将初中"统计与概率"知识的要点有机地串联在了一起，同时又使学生经历了统计工作的完整过程。进行教学的场所，建议安装有无线网络，师生均有终端设备，且建立通讯社交群（如微信群）。在进行教学的过程中，可以让学生运用计算机和计算器完成相关运算和作图，力求淡化机械的程式运算，突出统计思想的形成，以更好地体现数据分析观念作为公民基本素养的核心价值。

2. 学习目标

（1）通过经历红包数据的收集，能够指出数据收集的不同方式；通过班级红包数据与山东省①数据的对比，体会样本与总体的关系和抽样的必要性。

（2）通过设计如何使红包数据直观呈现的过程，回顾不同形式统计图的特点和绘制方法；通过观察一些已经设计完成的统计图，形成客观正确认识统计图的意识。

（3）通过对红包数据进行代表性处理的过程，回顾平均数、中位数、众数的概念和计算方法，了解它们是数据集中趋势的不同角度的描述；回顾刻画数据离散程度的意义，会计算简单数据的方差；能解释统计结果，根据结果做出简单的判断和预测，并能进行交流。

（4）通过讨论抢红包的顺序与抢到数量的关系，回顾列表、画树状图等方法求简单随机事件概率的方法；知道通过大量重复试验，可以用频率来估计概率。

（5）通过建立社交群、上网查阅资料、在线完成任务、运用计算机软件进行统计量的计算和统计图的绘制等一系列数学学习活动，体会现代技术给数学和生活带来的巨大影响，形成数据意识。

◉ **单元学习活动**

1. 单元学习规划思路

本单元希望通过一条主线——"红包"，分为 2 课时，基本涵盖初中"统计与概率"知识。之所以选择"红包"这一教学载体，是希望从学生身边真实发生又被学生喜闻乐见的事情出发，让学生感受到数

---

① 上课学生来自山东省。

学的魅力和价值。在每个课时中都围绕"红包"设计一个综合性的学习活动，在学习推进中进行进一步分解。第一课时以"分析本地区春节期间发红包的数据"为核心，带动数据收集、整理、分析与决策的复习；第二课时以"何时抢红包收益最大"为核心，带动概率的复习。同时，两个核心活动又具有递进的层次感，一脉相承。

对于本单元的设计，还需做如下两点说明：

（1）本单元课程建议在网络环境下，师生在课前建立社交群，课堂中在师生有终端设备的情况下实施，但根据实际条件可以做适当改变。

（2）教师和学生有必要掌握一些基本的统计软件或一些软件中的统计功能，如 Excel 软件中的作统计图表功能和一些主要的统计函数公式的运用等。这样有助于我们有效处理收集上来的数据，节省时间专注于统计核心问题的处理。

2. 单元学习规划

单元学习规划设计

课时	学习目标	学习内容	学习活动	学习资源
第1课时	（1）通过经历红包数据的收集与不同样本数据的比较，回顾数据收集的不同方式，体会样本与总体的关系和抽样的必要性； （2）通过自主设计和观察红包数据生成的统计图，回顾不同形式统计图的特点和绘制方法； （3）通过对红包数据进行代表性处理的过程，回顾平均数、中位数、众数及方差的意义和计算方法； （4）能解释统计结果，根据结果做出简单的判断和预测，并能进行交流	收集数据的重要方式——普查与抽样调查的异同，以及抽样的原则与注意事项；条形、扇形和折线统计图的特点与作用分析；平均数、众数、中位数与方差等统计量的意义和计算方法；对统计结果的分析、判断与决策	（1）借助网络上相关的收发红包数据，回顾数据收集方式，明确不同收集方式的差异，进一步树立样本思想； （2）选择不同的统计图表整理数据，明确不同类型的统计图的特点和适用范围； （3）借助不同的统计量分析数据，明确每个常用统计量的统计意义； （4）概括统计的全过程	现场收集学生春节期间的红包数据，提供山东省各地市红包数据，以此作为学习素材

续表

课时	学习目标	学习内容	学习活动	学习资源
第2课时	通过讨论抢红包的顺序与抢到数量的关系，回顾列表、画树状图等方法求简单随机事件概率的方法；知道通过大量重复试验，可以用频率来估计概率	通过列表、画树状图等方法列出简单随机事件所有可能的结果，以及指定事件发生的所有可能结果，从而了解并获得事件的概率；知道通过大量重复试验，可以用频率来估计概率	（1）分析多次随机分配数额的红包中数据的分布情况，回顾概率的概念和意义； （2）了解抢红包的数据分布差异（等可能的古典概型），以及频率的概念和意义、频率和概率的关系	网络中抢红包的大数据、师生个体在群中抢红包的数据

◉ 持续性评价

持续性评价方案设计

序号	评价目标	评价任务	评价标准 （字母代表不同等级）	评价方式
1	形成数据分析观念	学生需要在整个单元学习中持续思考，并不断回答两个核心问题（见下文"重要的评价工具"）	A. 只能碎片化说出问题的某个方面； B. 能够有一定逻辑地表达自己对两个问题的认识，但认识相对肤浅； C. 能够客观认识数据的变化，较为全面地理解数据对我们的影响； D. 能够理解并指出数据中是蕴含信息的，并且能够根据数据进行判断	单元开始时提供给学生，让学生在学习过程中和之后不断回答

续表

序号	评价目标	评价任务	评价标准 （字母代表不同等级）	评价方式
2	把握统计过程	能够描述出一个完整统计问题需要经历的过程	A. 不能说出统计过程中的环节； B. 能够说出一到两个统计过程中的环节； C. 能够比较完整地说出统计的过程； D. 能够清楚流畅地说出统计的完整过程	在进行完第一课时后让学生自主总结概括，并针对数据素养评价维度表进行教师评价和学生自评
3	掌握统计与概率的知识	在课前（或课后）进行必要的纸笔测试	A. 测试结果没达标； B. 测试结果基本达标； C. 测试结果良好； D. 测试结果优秀	每节课后附有测试题目

◉ **重要的评价工具**

学生需要在整个单元学习中持续思考的核心问题包括：

（1）怎样理解数据的"变"与"不变"？

（2）数据是怎样影响我们生活的？

下面的数据素养评价维度表也可以给我们参考。

数据素养评价维度表[①]

	一级指标	二级指标
数据素养	数据意识	关注数据来源
		基于情境的数据提出问题

---

① 陈娜萍. 初中生数据素养评价指标与试题 [J]. 初中数学教与学，2013（7）：5-7.

续表

	一级指标		二级指标
数据素养	数据处理	数据收集	设计简单的调查问卷
			恰当使用统计方法
			理解数据的随机性与规律性
		数据整理	组织与简化数据
			剔除错误或无效数据
		数据表征	恰当采用统计图表征数据
			正确运用统计量描述数据
		数据分析	基于实际对数据产生质疑
			准确评估数据
			依据数据做出正确决策
	数据交流		基于数据结果准确表述结论
			恰当使用数据说理
			使用数据结论撰写调查报告

◉ **教师反思**

由于这一学习领域的知识点众多，显得小而烦琐，传统的复习课往往忙于梳理"知识点"，之后是"题型演练"，题目的背景因题而异并频繁切换，每个背景都仅涉及统计学的一部分，有些问题背景并不真实，而有些显得比较陈旧，距离学生的生活现实遥远。这样，学生不能在真实而完整的情境下感受统计的意义，也就难于形成真正的数据分析观念。

本单元设计与以往教学设计的不同点主要是：

（1）将繁杂琐碎的知识点，用一个背景组织起来，通过一系列的问题，启发学生回顾与运用相关知识；

（2）背景具有时代气息，贴近学生生活现实，能够较为有效地激发学生的学习热情；

（3）教学手段运用较为先进，体现了"互联网+"时代的要求，特别是当今处于"大数据"与"信息化"时代，就显得更有意义；

（4）淡化统计技能，突出统计观念，指向核心素养；

（5）学生对单元两个核心问题的认识，说明通过学习，其数据分析观念在逐步形成。例如：

◉ **附件**

深度学习（课时）教学流程

第 1 课时

学习目标	（1）通过经历红包数据的收集与不同样本数据的比较，回顾数据收集的不同方式，体会样本与总体的关系和抽样的必要性； （2）通过自主设计和观察红包数据生成的统计图，回顾不同形式统计图的特点和绘制方法； （3）通过对红包数据进行代表性处理的过程，回顾平均数、中位数、众数及方差的意义和计算方法； （4）能解释统计结果，根据结果做出简单的判断和预测，并能进行交流

教学环节	学习活动	评价要点
课堂引入	师：随着时代的飞速发展，信息社会扑面而来，数字化与信息化已经对我们的生活产生了深刻的变革，就是传统的民族节日也被注入了信息时代的气息。想一想，今年春节最"潮"的全民娱乐活动是什么？ 生：（齐）抢红包！ 师：没错！数据显示，2016 年除夕当日，微信红包参与人数达 4.2 亿人，收发总量 80.8 亿个，3 年狂增 505 倍；春晚期间，支付宝"咻一咻"抢红包活动总参与 3245 亿次，是 2015 年春晚互动总次数的 29.5 倍。抢红包正从节日"伴奏曲"演变为年夜"主题歌"。 师：不知道大家是否发现，我刚才的表述中有一连串的数据，这样的数据我们可以在网上、电视新闻上、报纸上随处找到。（见下图） 	在激发学生的兴趣的同时，关注学生的个体表现与活跃程度

教学环节	学习活动	评价要点
课堂引入	用数据说话,让数据说话,正是应用数学的一个重要分支——统计学的本质所在。在这小小的红包里,其实蕴含着不小的数学内容!这就是我们今天的课题——"红包"里的数学。	
数据的收集	师:大家发过红包吗?你在春节期间发了多少钱的红包呢?我们来做个调查吧。(为即时获得数据,可以使用"问卷星"将以下问题制作成问卷,并推送到师生的班级微信群里。) 调查问题:查阅一下,你春节期间发出红包的钱数是____。 (问卷结束后,将数据呈现在屏幕上,略) 师:根据《指尖上的中国》数据显示(出示下表): **山东17地市 人均发放红包排行榜** | 城市	人均钱数(元)
---	---
潍坊	460
青岛	360
东营	350
烟台	340
济南	330
日照	310
威海	300
莱芜	290
枣庄	290
济宁	290
临沂	280
淄博	280
泰安	280
聊城	280
菏泽	270
滨州	270
德州	220 | 师:你觉得,老师这里呈现的数据是从哪里来的?与我们刚才的数据,从获得方式上有什么不同? 生:老师的数据很可能是网上查到的,是间接的;而我们刚才的数据是实际调查出来的,是直接的。 (教师板书。) 师:看到表中的数据,你有什么感受? 生:我们发红包的钱数与表中的数据有很大的差距。 师:为什么会有这么大的差距? (学生讨论。)	通过问答,探查学生对数据收集方式的了解程度,以及对抽样有效性需要把握的原则的认识程度

教学环节	学习活动	评价要点
数据的收集	生：差距是由于选择的样本不一样。 师：事实上，《指尖上的中国》是由网络运营商利用互联网从后台收集到的所有发出的红包数据得出的。这种调查方式就与刚才我们做调查得到的有什么不同？ 生：我们做的是抽样调查，这个是全面调查。 师：没错。统计有时是精确的，但更多的时候是"近似"的。用一个样本的情况去估计总体可能的情况，是统计学的一种重要的思想和方法。选取样本时，应注意其广泛性与代表性。 当然，由于我们身处一个大数据时代，随着数据的获取难度的降低，大样本容量变得轻而易举，即"样本≈总体"。但这不表示样本估计总体的思想已经过时，正如《大数据时代》这本书的作者所说："如果我们认为当今与未来具有相关性，那么现在所有的数据都是未来这个总体的一个样本。"（师生总结。）	
数据的整理——统计图表的运用	师：让我们回到这张表，如何用比较直观而简洁的方法表示这张表中的数据？ 生：统计图。 师：我们最常见的统计图有哪些？每种统计图各有什么特点？ 生：折线统计图——清楚地反映出事物的变化情况；条形统计图——清楚地表示出每个项目的具体数目；扇形统计图——清楚地表示出各部分占总体的百分比。 师：这张表中的数据适合做成哪种统计图？为什么？ 生：条形统计图，因为希望反映具体数据。（其他答案只要有道理即可。如扇形统计图，希望反映不同钱数的地区比例；或折线统计图，反映随钱数增长地区数量的变化规律。） 师：这是小明和小亮根据以上数据绘制的统计图。（见下页图）	通过学生问答，了解学生对不同类型统计图特点的掌握程度，通过具体作图与识图分析，了解学生对统计图引发错觉的认识程度

教学环节	学习活动	评价要点
数据的整理——统计图表的运用	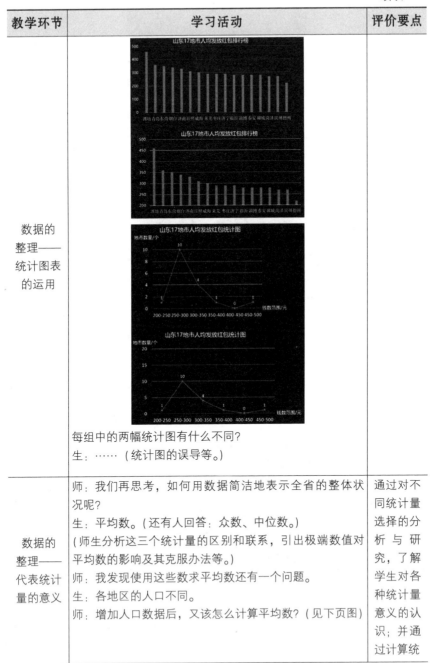 每组中的两幅统计图有什么不同？ 生：……（统计图的误导等。）	
数据的整理——代表统计量的意义	师：我们再思考，如何用数据简洁地表示全省的整体状况呢？ 生：平均数。（还有人回答：众数、中位数。） （师生分析这三个统计量的区别和联系，引出极端数值对平均数的影响及其克服办法等。） 师：我发现使用这些数求平均数还有一个问题。 生：各地区的人口不同。 师：增加人口数据后，又该怎么计算平均数？（见下页图）	通过对不同统计量选择的分析与研究，了解学生对各种统计量意义的认识；并通过计算统

续表

教学环节	学习活动	评价要点
数据的整理——代表统计量的意义	**山东17地市人均发放红包排行榜** | 城市	人均钱数（元）	人口（万人）
潍坊	460	925
青岛	360	905
东营	350	210
烟台	340	700
济南	330	707
日照	310	287
威海	300	281
莱芜	290	135
枣庄	290	383
济宁	290	824
临沂	280	1022
淄博	280	462
泰安	280	558
聊城	280	594
菏泽	270	845
滨州	270	384
德州	220	571 | 生：用加权平均数…… 师：刚才同学们也说，各地区的差异还是不小的，用什么统计量来体现这种差异的大小？ 生：方差、标准差…… （师生总结。） 师：经过一系列的处理，我们对这组数据有了更为深刻的了解。如果让你通过这组数据，给我们做出一些分析、提出一些建议或做一些预测，你想说点什么呢？ 生：…… 师：事实上，统计工作的最终目的就是指向对现实问题的分析、解释，以便做出判断、决策或对未来进行预测。	计量，了解学生对其计算方法的掌握程度 通过倾听学生的回答，了解其利用数据分析、判断和决策的准确性和科学性
小结	师：说了这么多，我们也来抢一次红包吧！ （抢红包后的数据显示在屏幕上。） 师：这也是收集数据的一个过程。课下请将这些数据进行适当的整理：可以借助计算机画出合适的统计图，计算反映其集中趋势和离散程度的统计量，并对结果进行分析。如果仔细观察，大家还会发现这组数据中每个数据都是随机的，但整体分布又是有规律的，这正是我们下节课要复习的概率知识的核心思想。 （师生总结。） 师：我们回顾一下今天所学，共同总结统计工作的基本过程。推荐两本书——《大数据时代》《统计数据会撒谎》作为结束	通过总结过程，了解学生对统计全过程的认知程度

板书设计

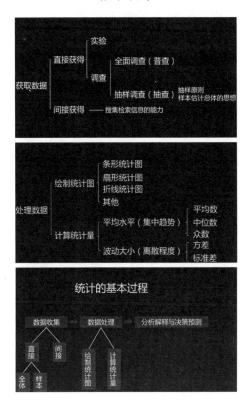

作业设计

文本的纸笔作业：

适量的文本作业对学生掌握相关知识是必要的，作为初中总复习的课程有时也是必需的，但需要把握数量、区分层次。以下给出一些示例供参考。

1. 要了解全校学生的课外作业负担情况，你认为以下抽样方法中比较合理的是（　　）。

A. 调查全体女生；　　　　　　　　B. 调查全体男生；

C. 调查九年级全体学生；　　　　　　D. 调查七、八、九年级各 100 名学生。

2. 某课外兴趣小组为了解所在地区老年人的健康状况，分别做了四种不同的抽样调查。你认为抽样比较合理的是（　　）。

　　A. 在公园调查了 1000 名老年人的健康状况；

　　B. 在医院调查了 1000 名老年人的健康状况；

　　C. 调查了 10 名老年邻居的健康状况；

　　D. 利用派出所的户籍网随机调查了该地区 10% 的老年人的健康状况。

　　3. 下图是光明中学乒乓球队队员年龄分布的条形图。这些年龄的众数、中位数分别是（　　）。

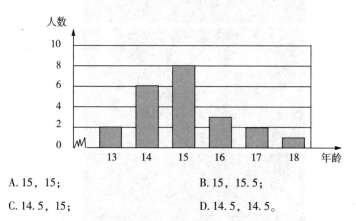

　　A. 15，15；　　　　　　　　　　　　B. 15，15.5；

　　C. 14.5，15；　　　　　　　　　　　D. 14.5，14.5。

　　4. 某校七年级有 13 名同学参加百米竞赛，预赛成绩各不相同，要取前 6 名参加决赛，小梅已经知道了自己的成绩，她想知道自己能否进入决赛，还需要知道这 13 名同学成绩的（　　）。

　　A. 中位数；　　　　　　　　　　　　B. 众数；

　　C. 平均数；　　　　　　　　　　　　D. 最高成绩与自己成绩的差。

　　5. 某联欢会上有一个有奖游戏，规则如下：有 5 张纸牌，背面都是喜羊羊头像，正面有 2 张是笑脸，其余 3 张是哭脸。现将 5 张纸牌洗匀后背面朝上摆放到桌上，若翻到的纸牌中有笑脸就有奖，没有笑脸就没有奖。

　　（1）小芳获得一次翻牌机会，她从中随机翻开一张纸牌。小芳得奖的概率是多少？

　　（2）小明获得两次翻牌机会，他同时翻开两张纸牌。小明认为这样得奖的概率是小芳的两倍，你赞同他的观点吗？请进行分析说明。

　　6. 某课题组为了解全市九年级学生对数学知识的掌握情况，在一次数学检测中，从全市 24000 名九年级考生中随机抽取部分学生的数学成绩进行调查，并将调查结果绘制成如下图表：

学生成绩分布情况

分数段	频数	频率
$x<60$	20	0.10
$60 \leqslant x<70$	28	0.14
$70 \leqslant x<80$	54	0.27
$80 \leqslant x<90$	a	0.20
$90 \leqslant x<100$	24	0.12
$100 \leqslant x<110$	18	b
$110 \leqslant x \leqslant 120$	16	0.08

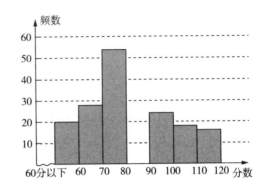

请根据以上图表提供的信息，解答下列问题：

（1）表中 a 和 b 所表示的数分别为：$a=$ ____，$b=$ ____。

（2）请在图中补全频数分布直方图。

（3）如果把成绩在 90 分以上（含 90 分）定为优秀，那么该市 24000 名九年级考生数学成绩为优秀的学生约有多少名？

7. 在一次知识竞赛中，每班参加比赛的人数相同，成绩分为 A、B、C、D 四个等级，其中相应等级的得分依次记为 100 分、90 分、80 分、70 分。学校将某年级一班和二班的成绩整理并绘制成如下所示的统计图：

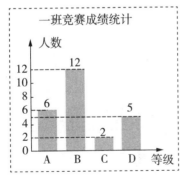

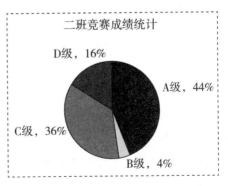

请你根据以上提供的信息解答下列问题：

（1）此次竞赛中二班成绩在 C 级以上（包括 C 级）的人数为 _____。

（2）请你将表格补充完整：

一班、二班竞赛成绩统计

	平均数（分）	中位数（分）	众数（分）
一班	87.6	90	
二班	87.6		100

（3）请从下列不同角度对这次竞赛成绩的结果进行分析：

①从平均数和中位数的角度来比较一班和二班的成绩；

②从平均数和众数的角度来比较一班和二班的成绩；

③从 B 级以上（包括 B 级）人数的角度来比较一班和二班的成绩。

8. 甲、乙两人在相同条件下各射靶 10 次，每次射靶的成绩情况如下图所示：

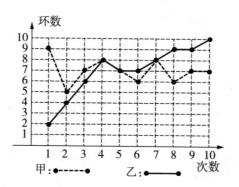

（1）请填写右表。

（2）请从以下三个不同的角度对这次测试结果进行分析：

①从平均数和方差相结合看；

②从平均数和命中 9 环以上的次数相结合看（分析谁的成绩更好些）；

③从折线统计图上两人射击命中环数的走势看（分析谁更有潜力）。

甲、乙射靶情况

	平均数	方差	命中 9 环（含）以上次数
甲	7		1
乙		5.4	

实践性的任务：

"统计和概率"是具有很强实践性的学习领域，没有现实问题的体验和经历，学生很难真正建立数据分析观念。实践性作业的内容开发并不困难，现实中需要运用这些知识的背景很多。如果以本单元的主线作为线索，可以参考示例：

让学生调查本班同学春节期间每人收到（或发出）红包的钱数，将其合理分组，制作频数分布图（条形、折线），计算相关统计量（平均数、众数、中位数、方差等），并由此发表自己的观点、见解或建议等。

案 例 四

猜想、证明与拓广

> 教材版本：北师大版（2014 年出版）
>
> 授课年级：九年级
>
> 单元总课时：2 课时
>
> 设计者、执教者：李慈秀[①]

⊙ 单元学习主题

1. 主题名称

猜想、证明与拓广。

2. 主题解读

本单元学习主题取材于北师大版教材九年级上册"综合与实践"中的"猜想、证明与拓广"。依据《标准（2011 年版）》对"综合与实践"的定位，它是以问题为载体、以学生自主参与为主的学习活动，它有别于学习具体的学科知识的探索活动，更有别于课堂上老师的直接讲授。它是教师通过问题引领学生全程参与，学生实践过程相对完整的学习活动，这就要求学生具备一定的数学活动经验和综合应用数学知识解决数学问题以及实际问题的能力。

本单元学习主题是围绕中心课题通过一系列具体的问题逐渐展开的，引导学生分类研究，由特殊到一般，启发学生发现更具有一般性的结论，寻求一般性的解决方法；培养学生直观"判断"和正确"猜想"的能力，并配合一定的形式说理，在交流个人想法中拓展思维。

[①] 工作单位为宁夏回族自治区银川市回民中学。

对猜想要先"检验是否存在",再"由特殊到一般"给出一般性的证明。由"倍增"再到"减半"的拓广,帮助学生总结获得的数学知识和策略性经验,让学生体会证明的必要性和发展学生的推理能力。教学要突出学生的自主探索、合作交流,让学生能自行找到解决问题的方法更好。

本单元学习主题具有开放性、研究性,主要意图不在于让学生回答一些具体问题,而是要提供一个思考、探究的平台,在活动中体现归纳、综合和拓展的能力;让学生感悟处理问题的策略和方法,积累数学活动的经验。

学生在以往的学习中,已经经历了大量从特殊到一般的具体实例,并且在三角形和平行四边形的学习中,积累了有关猜想、证明的经验、思想和方法,具备了几何证明及探究的能力。在学习了"一元二次方程"后,会利用根的判别式判断根的情况,并利用配方法或公式法求解一元二次方程,也积累了一些列一元二次方程解决几何问题的实际经验。学生还经历了从现实世界抽象出函数模型——一次函数和反比例函数的过程,并对这两种函数的图象、性质有了一定的认识,也能利用这两种函数解决一些实际问题。但是学生在面对复杂问题的分析过程中,缺乏将所学数学知识进行综合应用的能力,缺乏将数化形或将形化数的能力,尤其是从未经历过综合应用一元二次方程、方程组、不等式、函数等知识的过程,这无疑是对学生的一大挑战。

◉ **单元学习目标**

1. 目标确定

本单元学习主题从学生熟悉的简单图形出发,引导他们逐步思考一个个看似简单却又具有挑战性的问题,从而在不断经历判断、选择,以及综合应用二次方程、方程组、不等式、函数等知识的过程中诠释本综合实践的两重重心,即(1)内容中心:二次方程的模型建立和求解，方程组、不等式、函数等知识的综合应用。（2）活动重心：实验、猜测、修正、证明、拓广等"做数学"的活动，以及选择、综合应用相关知识表达问题和解决问题的过程。

本单元学习主题基于一个几何问题的提出，首先让学生通过对几何图形周长、面积的探究抽象出数学模型，初步领悟本节课的问题需要依赖熟悉的代数模型去解决，从而将数学理解和外部世界紧密联系，感受到相关知识的价值、内涵，有效培养学生的数学建模能力。与此同时，在解决问题的过程中，需要学生具有严密的推理能力，探索思路、发现结论、证明结论、提出新猜想的各个环节无一不是环环相扣、逐步引发深入思考的，即使在证明结论的过程中也处处有玄机，需要学生综合运用多方面知识。这无疑对学生的逻辑推理、数学运算都是极大的挑战，对于发展学生学科核心素养具有极强的现实意义。

2. 学习目标

（1）通过创设问题情境，通过对几何图形周长、面积的变化规律猜想、探究，经历逐渐抽象出数学模型的过程；在探究问题结论和论证结论正确性的过程中，综合运用所学的知识，体会知识之间的内在联系，体会数形结合的思想和方法，发展逻辑推理能力。

（2）在从几何图形周长、面积"倍增"到"减半"的拓广过程中，体会证明的必要性，感受由特殊到一般的思维方式，增强发现和提出问题的能力。

（3）学生能够在图形的变化、问题的变化过程中，在自主探索和猜测的基础上及时与同伴交流分享问题解决的想法和做法，发展合作交流的意识和能力。

◉ **单元学习活动**

1. 单元学习规划思路

本单元学习主题旨在让学生通过从一个具体的问题出发，通过思考一个又一个看似简单但又具有挑战性的问题，不断经历判断、选择以及综合应用所学知识的过程，让学生充分体会猜想—证明—拓广这一数学化的过程，完善学生的数学思想体系，感悟数学的魅力与价值，故：

在内容上将本单元分为两课时。第 1 课时引导学生一起探究正方形和矩形的"倍增"问题，体会并积累活动经验；第 2 课时在第 1 课时的基础上，让学生自己探究有关图形的"减半"问题，然后进行课堂交流和讨论，形成一般性结论。第 1 课时重点在于引导学生经历"数学化"的过程，体会证明的必要性和价值，同时它为第 2 课时的学习和探究提供了思考的方式和研究的模式，所以第 1 课时的地位和作用尤为重要。因此，处理第 1 课时应注意：

（1）对于活动一——正方形的"倍增"问题，教师要关注学生解决问题的思路和方法，及时进行总结、梳理，师生共同得到解决问题的方法：①取特殊值进行验证；②进行一般性证明；③借助几何拼图进行验证。同时得到分析问题的思路，即先固定周长，考虑面积是否满足 2 倍关系；或是先固定面积，再考虑周长是否满足 2 倍关系；或是让周长和面积同时满足 2 倍关系，再考虑正方形的边长是否存在矛盾。这为后续研究矩形的"倍增"问题奠定了基础，同时提供了研究方法和策略，学生从中积累的活动经验也为后续学习提供了必要的帮助。

（2）解决正方形的"倍增"问题后，需要学生大胆猜想，通过改变图形的形状得到：任意给定一个＿＿＿，存在另一个＿＿＿，它的周长和面积分别是已知＿＿＿周长和面积的 2 倍。处理这一问题时，课堂应是自主、开放性的，教师不应局限学生的思路，并在改变图形的说理过程中，注重倾听学生的表达，适时给出合理的建议和引导。

（3）解决矩形的"倍增"问题时，课堂呈现更加开放的状态，教师应对可能出现的情况提前做好预设，关注学生交流的思路，引导生生间的质疑，从而完成问题的解决。同时在整个处理过程中，教师须及时总结，梳理每一环节所凸显的"数学化"的关键词，以便学生更好地领会数学结论从发现到得出的过程和内涵。

在课堂组织形式上，本内容对教师和学生而言，均是富有开放性和挑战性的，所以教学时教师注重引导和调控，充分扮演好组织者的角色，为学生提供充分思考和交流的空间，鼓励学生在自主探索和猜测的基础上及时交流自己的想法和做法。教师可采用小组合作的方法进行教学，注意问题的连贯性和前后内容的一致性，引导学生分类研究，由特殊到一般，启发学生发现更具一般性的结论，寻找一般性的解决方法，对不同学生有不同要求，分层教学，渗透处理问题的策略和方法。

2. 单元学习规划

单元学习规划设计

课时	学习目标	学习内容	学习活动	学习资源
第1课时	通过"问题情境—猜想—验证—发现规律—证明—拓广"的方式对正方形和矩形的"倍增"问题展开探究活动，体验"数学化"的过程	探究正方形和矩形的"倍增"问题	（1）解决正方形的"倍增"问题；（2）解决矩形的"倍增"问题；（3）介绍相关数学史	（1）借助图片呈现生活中的问题情境；（2）探究过程中，借助几何画板动态演示；（3）呈现与"猜想"有关的数学家的小故事
第2课时	继续通过"问题情境—猜想—验证—发现规律—证明—拓广"的方式对有关图形的"减半"问题展开探究活动，在"数学化"的过程中形成一般性结论	探究矩形"减半"问题并总结一般性结论	（1）以四人为一小组对课下研究结果进行汇报；（2）探究矩形"减半"问题；（3）综合研究其他图形的"倍增或减半"问题，形成一般性结论	（1）借助交互式平台展示小组探究成果；（2）探究过程中，借助几何画板动态演示，进一步验证结论的一般性；（3）学生以小组为单位撰写课题报告

⊙ 持续性评价

持续性评价方案设计

序号	评价目标	评价任务	评价标准	评价方式
1	在"任意给定一个正方形（或矩形），存在另一个正方形（或矩形），它的周长和面积分别是已知正方形（或矩形）周长和面积的 2 倍"这一问题的"数学化"过程中，重点考查学生综合运用有关知识和方法分析、解决问题的能力和水平，以及能否发现并提出新问题而将问题进一步拓广的意识和能力	（1）课前，探查学生能否解决边长为 1 的正方形的"倍增"问题； （2）课上，观察学生在合作学习中能否发现并提出新的问题，能否尝试从不同角度分析和解决问题，能否借助不同的知识表达问题及其解决思路，是否善于进行归纳总结，是否倾听和理解别人的思路并反思自己的思考过程； （3）课后，指导并检查小组研究的实验报告	（1）能够做出判断，但是不能给出完整的推理过程； （2）能够完整地解决问题并给出具有条理性的推理过程； （3）能独立思考，但不会自主学习，能和其他同学合作发现问题、提出问题并解决问题； （4）能独立思考，自主学习，主动发现问题、提出问题并寻求解决问题的方法； （5）基本达到活动目的，基本能够体现个性化学习过程，有自己的观点或主张； （6）成果丰富，形式多样，达到学习目的，有自己独到的观点或主张	学案、课堂观察、综合实践课堂评价表
2	在研究"任意给定一个矩形，存在另一个矩形，它的周长和面积分别是已知矩形周长和面积的 2 倍"这一问题的"数学化"过程中，能将问题进一步拓广，并进	（1）课前，检查并指导学生独立研究其他图形的"倍增"问题； （2）课上，观察学生在合作学习中能否发现并提出新的问题，能否尝试从不同角度分析和解决问题，能否借助	（1）能够清晰表达出判断以及给出完整的推理过程； （2）能够较为清晰地表达观点以及理由，但是仍需他人补充； （3）能够独立思考，但不会自主学习，能和其他同学合作发现问题，提出问题并解决问题	学案、课堂观察、综合实践课堂评价表

续表

序号	评价目标	评价任务	评价标准	评价方式
2	一步发现新的结论并验证，最终形成一般性结论	不同的知识表达问题及其解决思路，是否善于进行归纳总结，是否倾听和理解别人的思路并反思自己的思考过程； （3）课后，指导并检查小组研究的实验报告	（4）能够独立思考、自主学习，主动发现问题、提出问题并寻求解决问题的方法； （5）基本达到活动目的，基本能够体现个性化学习过程，有自己的观点或主张； （6）成果丰富，形式多样，达到学习目的，有自己独到的观点或主张	

◉ 重要的评价工具

以下为"综合与实践"活动中学生的过程性评价工具。

请结合自己在"综合与实践"的学习过程中的个人表现，按照下表各选项为自己打分，并请同组成员和老师对自己的课堂表现进行综合评价。

"综合与实践"活动过程性评价方案设计

内容 ＼ 星级	★★★	★★	★	自我评价	同学评价	教师评价
参与情况	我积极参加每次学习活动，能与小组成员轮流主持，并有详细的活动记录，活动开展得规范、效率高	多数活动别人主持，我自己能参与，活动基本可以达到预想的目的，有活动记录	我参与被动或无心参与，基本没有活动记录			
智力表现	头脑灵活，点子多，活动中有创意	主要听或看别人的，以模仿为主	完全依赖老师，独立活动能力差			

续表

内容＼星级	★★★	★★	★	自我评价	同学评价	教师评价
自主探究	我能独立思考，自主学习，主动发现问题、提出问题并寻求解决问题的方法	我能思考，但不会自主学习，能和其他同学合作发现问题、提出问题	我不会思考，不爱学习，不会发现问题			
合作交流	我积极参与小组活动，在明确分工的基础上共同承担任务，有效地完成自己的任务；有极好的倾听能力和领导能力，能通过讨论的方式共享他人的观点和想法	我参与小组活动，能在明确分工的基础上共同承担任务、完成自己的任务；能通过讨论的方式共享他人的观点和想法	我无心参与小组活动，很少进行交互；或对交互不感兴趣、容易分心，和别的成员之间并没有进行明确的分工			
质疑释疑	我积极主动发现问题、提出问题、筛选问题并寻求解决问题的方法	我能发现问题、提出问题、筛选问题并解决一些问题	我不会发现问题，不会思考，不能解决问题			
搜集、处理信息	我能熟练使用多种方法搜集、处理信息	我会用多种方法搜集、处理信息	我搜集、处理信息方法单一，或不会搜集处理信息			
创新情况	我的成果丰富，形式多样，达到学习目的，有自己独到的观点或主张	我基本达到活动目的，基本能够体现个性化学习过程，有自己的观点或主张	我没有达到学习目的，不能充分体现个性化学习过程，没有新观点			

◉ **教师反思**

"综合与实践"活动课不同于其他课型，它更加注重知识的综合应用，注重知识内部间的联系；也更关注运用数学知识解决实际生活问题，体现数学既来源于生活又应用于生活的作用，目的在于解决问题或获得结论。

（一） 本课设计同以往教学设计的不同之处

（1）本课注重知识的综合应用，注重知识内部间的联系。它综合运用了一元二次方程、方程组、不等式、函数以及图形的相似等知识，在拓展的过程中，注重让学生体会图形本身的性质与结论之间的内在联系。

（2）本课的主要意图不在于回答一些具体问题，而在于提供一个思考、探究的平台，让学生通过经历综合运用知识解决问题的过程，重点感悟"数学化"的过程，积累丰富的活动经验。

（二） 把握教学核心内容， 关注学生核心素养

本课旨在让学生经历综合运用学过的知识解决一个探究性问题的过程，并从中体验问题情境—猜想—验证—证明—拓广这一"数学化"过程，理解并体会由特殊到一般、数形结合的数学思想和方法，深化数学知识之间的内在联系，进一步丰富学生的数学活动经验，发展学生的数学学科素养，这无疑对教师和学生都有着很大的挑战。因此，正确把握、理解教材内容，针对学生实际情况，合理、恰当处理教材问题，设置有效的合作交流活动，都决定了本节课教学目标的落实的程度。

1. 正确定位本节课的教学目标

本课不同于以往的课例。它的重点不在于学习什么数学知识、解

决某一个具体问题或者获得一个怎样的数学结论，它更注重让学生从探究活动中感悟"数学化"的过程，在综合运用知识进行探究活动中积累丰富的活动经验，所以正确定位本节课的教学目标是顺利完成本节课的关键。

2. 了解学生知识与能力的储备情况

每个学生都是一个独立的个体，受所在环境、地域及文化、经济的影响，学生对知识的理解和应用、提出问题和解决问题的能力也各有不同，所以想借助本节课提升学生这方面的能力，达成教学目标。这首先应该从以下几个方面做好充分的准备。

（1）了解学生的学习起点。

本课的教学安排是在完成九年级上册所有章节之后进行的，这个时候学生已经完成了特殊平行四边形、一元二次方程以及反比例函数的学习，所以学生在学习本节课时的知识储备已经比较完整，也经历了大量从特殊到一般的实例练习，并能进行比较严密的推理证明。但是学生在面对复杂问题的分析过程中，缺乏将所学数学知识综合应用的能力，缺乏将数化形或将形化数的能力，尤其是从未经历过综合应用一元二次方程、方程组、不等式、函数等知识的过程。这无疑是对学生的一大挑战。

（2）了解学生能力可能达到的高度。

在本教学中，因学生的个体差异，面对如此复杂的问题，学生解决问题的能力难免参差不齐。例如，在对矩形"倍增"问题一般性证明过程中，涉及的字母较多，不仅有已知矩形的长 m 和宽 n，还有所求矩形的长 x 和宽 $2(m+n)-x$，还要构造方程或方程组，这是相当一部分学生不能独立完成的。所以教师要有预见性，合理处理此环节。再如，交流特殊值验证矩形"倍增"问题时，学生解决问题的方法比较多样化，但是由于对函数和方程间的关系认识得不够透彻，学生交流时少有小组想到将方程组 $\begin{cases} x+y=6 \\ xy=4 \end{cases}$ 转变为函数交点问题，这也是学生综合运用知识的短板，如何处理得更为智慧也是对教师的一大考验。

（3）了解学生可能面对的困难。

本课更具开放性和探究性，整个教学目标的达成要靠探究活动贯穿始终，所以学生可能面对的困难如下：①如何将叙述性问题转变为数学语言以及图形语言；②分析问题的思路，如先固定周长，考虑面积是否满足 2 倍关系，或是先固定面积，再考虑周长是否满足 2 倍关系，或是让周长和面积同时满足 2 倍关系，再考虑图形的边长是否存在矛盾；③提出新问题的思路和依据；④正确求解一元二次方程、分式方程或方程组；⑤求解一元二次方程中判断根的合理性和存在性；⑥选择哪种方法证明一般性更为恰当、简便。

3. 理解教材中素材间的联系

教材中设计的素材可以分为两大类型，分别是图形的"倍增"问题和"减半"问题，所以也就决定了本节课至少应该分为两课时进行。在处理图形的"倍增"问题时，教材呈现了两个图形，先正方形后矩形，那么这两个图形处理的先后次序，两个图形间存在怎样的内部联系，以及如何借助它们探究其"增倍"问题，让学生经历完整"数学化"的过程，显然决定了本节课的设计思路和理念。在进行本单元设计时，也经过了反复的推敲和反思，才有了本节课教学设计的呈现。例如：

（1）问题情境的设计。

解读教材时，教材提出整个"数学化"的过程应起源于问题情境，而课本给出的仅为一个数学问题，选择恰当的实际背景能够更好地凸显"综合与实践"课型的主旨。于是设置如下的问题情境：

古时候，有一个地主请了一位木工做家具，做完了以后地主想赖账，便想出了一个难题来习难木工。地主说自己的方桌边长为 1 m，太小了，想请木工再做一个大的方桌，要求方桌桌面的周长和面积都是原来的 2 倍，如果做得出就把工钱付给木工，如果做不出就不给工钱。可怜的木工想了一天都没有想出来，最后只好不收工钱伤心地走了。难道真的做不出这样的方桌吗？

此问题情境可以与教材中的正方形问题匹配，但是在与北师大版教材编写者交流过程中，认识到上述背景虽可以抽象出教材中的问题，但是毕竟是人为编造的，缺乏从实际问题过渡到数学问题的自然痕迹，因此又选择了这样的教学设计：

学校有一个正方形旗台，因为经常在上面举办文娱活动，需要重建一个更大的旗台，那么能否新建一个正方形旗台，使得它的周长和面积都是原来的 2 倍？

此背景不仅可以达到抽象出所需数学问题的目的，同时贴近学生的实际生活，而且问题的提出简单明了，也与后续的探究活动一脉相承。

（2）正方形"倍增"问题的设计。

由实际问题抽象出正方形的"倍增"问题后，如何解决正方形"倍增"问题？正方形的"倍增"问题在学生经历整个"数学化"过程中有着怎样的作用和地位？这些又成为制约教学的障碍。设计初始，对于此问题分以下三个步骤完成。

步骤一：提出问题

①你能解决这个问题吗？（可由图片抽象出正方形。）

②继续提出问题：任意给定一个正方形，是否存在另一个正方形，它的周长和面积分别是已知正方形周长和面积的 2 倍？

步骤二：解决问题

①存在这样的正方形吗？如何进行判断呢？先独立思考，再与你的同伴进行交流。（可借助下页表格进行分析。）

正方形边长、周长与面积的关系 1

边长	周长	面积
2	8	4
	16	
		8

②那我们是否可以得到这样一个猜想：任意给定一个正方形，一定不存在另一个正方形，它的周长和面积分别是已知正方形周长和面积的 2 倍？

③如何验证猜想的正确性呢？（引导学生可借助表格证明一般性。）

步骤三：拓广

①刚才研究的是正方形的"倍增"问题。我们发现：任意给定一个正方形，一定不存在另一个正方形，它的周长和面积分别是已知正方形周长和面积的 2 倍。那么我们学过的其他图形中是否会有图形满足这样的性质呢？你能大胆地猜想一下吗？

②矩形、菱形、正方形都是特殊的平行四边形，我们不妨先来研究一下矩形是否存在这样的"倍增"问题。

以上三个步骤的设计，是基于将整个"数学化"的过程经历利用探究正方形的"倍增"问题来实现，而矩形的"倍增"问题即为正方形问题的延续或者是拓广练习。但是这样的处理明显可以感觉到头轻脚重，学生很容易解决的正方形问题变得较为复杂，而亟待重点解决的矩形问题却变成被一带而过，并且整个过程都由教师牵着学生走，即使学生想不到，也由教师生拉硬拽到教师预设的问题或结论上，不符合新课程的理念。所以，有了第二次改变：

①提出问题：对于边长为 1 的正方形，是否存在一个新的正方形，它的周长和面积是原来正方形周长和面积的 2 倍？

正方形边长、周长与面积的关系 2

类别	已知正方形	所求正方形	所求正方形
边长	1		
周长			
面积			

②提出新问题：对于一个边长不为 1 的正方形，是否存在一个新的正方形，它的周长和面积分别是已知正方形周长和面积的 2 倍？请与你的同桌一起分工找找看。

③得到猜想：对于任意一个正方形，不存在另一个正方形，它的周长和面积分别是已知正方形周长和面积的 2 倍。

④证明猜想：对于任意一个正方形，不存在另一个正方形，它的周长和面积分别是已知正方形周长和面积的 2 倍。

正方形边长、周长与面积的关系 3

类别	已知正方形	所求正方形	所求正方形
边长	x		
周长			
面积			

⑤拓广：你会改变问题中的哪些条件，从而得到一个新的问题呢？

由于在第一次设计中，提出正方形的问题，学生并不都采用特殊值得到猜想，相反有些小组直接用一般性证明，甚至有的小组是采用拼图的方法，而后续研究矩形问题，由于研究复杂，我们需要先从长和宽为特殊值进行验证，从而初步得到结论。学生并不能和我的思路达成统一，所以在这里我先让学生研究边长为 1 的情况，再让学生研究边长不为 1 的情况。这样看似研究过程遵循从特殊到一般的规律，其实整个课堂的生成仍然不是自然流露、自然生成的，学生思维的迈进仍然是在教师的牵引下完成的，仍然没有改变头重脚轻的感觉。究其原因，就是没有理解透彻"正方形"这一素材的作用。

再跟刘晓玫教授反复交流，并仔细研读教学建议后，我恍然大悟，正方形问题设置在开篇的作用不是让学生在此处就借助一个特殊图形的探究问题经历整个"数学化"的过程，而是有如下四个作用：一是作为一个探究性问题提出，指明研究方向。二是学生在解决此问题时明确思路，即固定面积研究周长，还是固定周长研究面积，或者二者都固定，这样的解决问题的策略和方法是突破矩形问题的关键。三是在研究过程中，进一步体会举反例试判断错误结论的有效方法，同时也为后续研究矩形问题时，学生先考虑长和宽为特殊值的情况做好思想铺垫。四是借助特殊图形的研究方法，积累一定的活动经验，为后续矩形的探究扫清障碍。

（3）矩形的"倍增"问题。

教材在处理此探究问题时，按照以下步骤进行。

①如果已知矩形的长和宽分别是 2 和 1，那么你能找到满足上面要求的矩形吗？

②当已知矩形的长和宽分别是 3 和 1 时，是否还有相同的结论？已知矩形的长和宽分别是 4 和 1，5 和 1，…，n 和 1 呢？

③更一般地，当已知矩形的长和宽分别为 n 和 m 时，是否仍然有相同的结论呢？

教材在处理特殊值矩形的"倍增"问题的猜想时，采取了先固定矩形的宽为 1，通过改变长的大小发现猜想是正确的，继而将长取 n，通过一般性的证明，发现猜想仍然成立，这时同时将长和宽都用字母来表示，推广到更为一般性的结论，并在这个从特殊到一般的推导验证过程中，引导学生观察满足条件的长和宽之间的关系，发现更为一般性的规律，即满足问题中条件的矩形长和宽一定是 $m+n$ 和 $\sqrt{m^2+n^2}$ 的和或者是 $m+n$ 和 $\sqrt{m^2+n^2}$ 的差。

由于学生在解决正方形的"倍增"问题时已积累了一定的活动经验，也进一步体会到可借助取特殊值来对猜想进行验证，故在处理此问题时，没有按照教材的设计进行，而是让学生以小组为单位自己选择矩形的长和宽来进行解决，但在交流汇报的过程中，可以适时引导学生观察所求矩形的长和宽与已知矩形长和宽的关系。如：若已知矩形的长和宽分别为 2 和 1，那所求矩形的长和宽分别为 $3+\sqrt{5}$ 和 $3-\sqrt{5}$；若已知矩形的长和宽分别为 3 和 1，已知所求矩形的长和宽分别为 $4+\sqrt{10}$ 和 $4-\sqrt{10}$；若已知矩形的长和宽分别为 3 和 2，那所求矩形的长和宽分别为 $5+\sqrt{13}$ 和 $5-\sqrt{13}$……。随着汇报后学生的初步推测，可以在对矩形猜想进行证明前，提出新的猜想，即"你能猜猜看所求矩形的长和宽是多少吗"，最后此猜想在证明的过程中仍然可以被证明。这样做使得整个课堂更具开放性，学生思维的火花在一次次的交流与探讨中进行碰撞。他们大胆地质疑，对问题锲而不舍，不断提出新问题。他们勇于挑战自我，努力解决问题的探究状态，也使得课堂精彩万分。

　　每节课的设计都会伴随着设计者理念的不同、思路的不同、站位的不同，呈现出不同感觉的课堂，但是无论如何设计，都应将学生的"思"、学生的"说"、学生的"悟"放在首位，不做"手拿鞭子的放牛娃"，努力成为收放自如的"放风筝的人"。

◉ **附件 1**

深度学习（课时）教学流程

第 1 课时	
学习目标	（1）通过创设问题情境，经历猜想、证明、拓广的过程，增强发现和提出问题的能力，以及对问题进行自主探索的意识，积累探索和发现的经验； （2）在探究问题结论和论证结论正确性的过程中，综合运用所学的知识，体会知识之间的内在联系，形成对数学的整体性认识； （3）在探究过程中，感受由特殊到一般、数形结合的思想和方法，体会证明的必要性； （4）在合作交流的过程中，扩展思路，发展推理能力

续表

教学环节	学习活动	评价要点
环节一： 课前探究， 初步感知	通过学生在课前初步感知本节课所要解决的问题，以小组合作形式形成解决问题的多样化策略。 提出问题： 任意给定一个正方形，是否存在另一个正方形，它的周长和面积分别是已知正方形周长和面积的 2 倍？	课前，关注学生独立思考、四人合作小组完成情况；同时在合作过程中，特别关注学生形成了哪些解决问题的方法和策略
环节二： 创设情境， 导入新课	由科学家的故事出发，激发学生对本节课的探究欲望。 提出问题： （1）你知道图片中是哪一位伟大的科学家吗？ （2）你知道从牛顿等科学家意识到物体间存在引力到证实万有引力定律，都经历了哪些过程吗？	通过课堂表现，关注学生对背景知识的热情程度，以及对本节课内容的探知欲
环节三： 合作交流， 剖析内涵	活动一：正方形的"倍增"问题。 （1）提出问题： 学校有一个正方形旗台，因为经常在上面举办文娱活动，需要重建一个更大的旗台，那么能否新建一个正方形旗台，使得它的周长和面积都是原来的 2 倍？ （2）仔细阅读题目，想想看这里蕴含着怎样的数学问题？ （3）抽象出数学问题： 任意给定一个正方形，是否存在另一个正方形，它的周长和面积分别是已知正方形周长和面积的 2 倍？这样的正方形是否存在呢？ 活动二：矩形的"倍增"问题。 思考：在我们学习过的图形中，是否有一种图形，存在着它的周长和面积分别是已知图形周长和面积的 2 倍呢？你能大胆地猜猜看吗？	（1）关注学生能否由实际问题中抽象出数学问题，继而发现此问题即课前探究的问题。 （2）在学生的分享交流中，关注学生的语言表达以及解决问题的多种方法和策略。 （3）在对课前探究情况进行汇报时，通过师生交流、生生交流以及相互补充等形式，关注学生在合作交流中是否扩展了思路、初步积累了活动经验和处理问题的策略，是否从中获得了探索和发现的体验。 （4）在解决活动一中的问题时，关注学生能否大胆地对图形进行猜测，可能猜测的图形有哪些，是否能够进

教学环节	学习活动	评价要点
环节三： 合作交流， 剖析内涵	猜想： 任意给定一个矩形，存在另一个矩形，它的周长和面积分别是已知矩形周长和面积的2倍。我们应该如何验证这个猜想是否正确呢？（学生合作交流后，教师演示几何画板。） （4）如何对这个猜想进行证明呢？ （5）拓广：除了可以研究图形的"倍增"问题外，我们还可以研究什么问题呢？你又能得到怎样的猜想呢？	行简单的说理。 （5）在解决活动二中的问题时，在明晰研究方向后，首先需要关注学生四人小组的合作、分工等情况；其次在组内交流时，要着重关注组员的研究思路和设想，是否能够提出富有创意的解决思路，以及验证方法和过程是否合理；最后在进行全班交流时，需要着重关注学生的表达能力和参与度，以及倾听、质疑、创新等能力。 （6）在展示验证猜想的多种方法的过程中，要及时关注学生采用的不同方法和策略，并进行归类和甄别；同时要注意引导学生思考是否充分考虑到根的存在性，以及验证过程中出现的从特殊过渡到一般的情况。 （7）在学生的进一步拓广中，引导学生思考还可以研究哪些猜想，及时关注学生的思路和新问题提出的拓广情况，及时关注学生是否充分感受到猜想的正确性以及证明的必要性。 （8）在整个活动中关注学生归纳、判断、选择、综合与拓展及感悟解决问题的策略和方法并验证的综合性能力，从中获得的情感体验和能力提升，以及活动经验的积累

续表

教学环节	学习活动	评价要点
环节四： 总结升华， 课后拓广	（1）课堂小结。 ①通过对本节课的学习，你能说说看要研究一个数学问题需要经历哪些过程吗？ ②通过本节课的探究学习，你还想对同学们说些什么呢？ （2）读一读：费马大定理的故事。 （3）课后拓广。 ①请同学们从猜想的图形中任选一种，试试看你的猜想是否正确。 ②请同学们思考，当"减半"时，我们的猜想是否仍然正确？	（1）在引导学生对本节课的探究活动进行回忆的过程中，关注学生对本节课内容的理解和认识；发挥学生的自我评价功能，同时关注培养学生的语言表达能力和概括能力。 （2）通过阅读费马大定理的故事，引导学生从课内到课外，了解数学史的发展，进一步感受"问题情境—猜想—验证—证明—拓广"整个"数学化"的过程，及时关注学生的情感体验，树立正确的学习观和价值观

板书设计

综合与实践：　　　　　　　　　　　验证结论：

猜想、证明与拓广　　　　　　　　　证明过程（略）

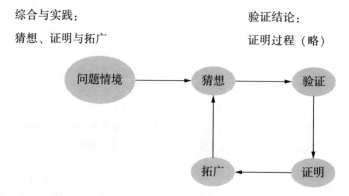

⊙ **附件 2**

深度学习（课时）教学流程

	第 2 课时	
学习目标	（1）进一步经历猜想、证明、拓广的过程，增强发现和提出问题的能力，以及对问题进行自主探索的意识，积累探索和发现的经验； （2）在探究问题结论和论证结论正确性的过程中，综合运用所学的知识，体会知识之间的内在联系，形成对数学的整体性认识，体会证明的必要性； （3）在合作交流的过程中，扩展思路，发展推理能力	
教学环节	**学习活动**	**评价要点**
环节一： 回顾旧知， 导入新课	提出问题： （1）同学们，你们还记得上节课我们研究"增倍"问题时主要经历了哪些过程吗？ （2）对于"任意给定一个图形，是否存在另一个（同类的）图形①，使得它的周长和面积都是原来的 2 倍"这个问题，如果图形是正方形，那么就一定不存在满足条件的正方形，但是如果图形是矩形，那么就一定存在满足条件的矩形。如果继续改变图形的形状，还能得到类似的结论吗？	（1）通过对上节课内容进行回顾，关注学生是否理解解决问题整个"数学化"的过程。 （2）对于新提出的问题，关注学生是否有研究兴趣，是否具有继续挑战自我的决心
环节二： 成果展示， 升华结论	提出问题： （1）同学们，你们会将图形改变为怎样的形状呢？又得到了怎样的猜想？是否验证了猜想？ （2）请观察小组交流的图形与所求图形之间的关系，你又有怎样的发现？	（1）关注学生课前独立思考、四人合作小组完成情况，以及在合作过程中研究问题的步骤和方法是否正确合理。 （2）在小组选派代表进行交流展示的过程中，关注学生可能展示

---

　① 注：承上文的含义，这里的图形是指学生学习过的多边形，同类的图形就是指边数相同的多边形。

教学环节	学习活动	评价要点
环节二：成果展示，升华结论	（3）你能证明提出的猜想吗？	的图形以及验证的合理性。 （3）在对图形进行归类时，关注学生的分类理由是否合理、分类是否恰当，关注学生对图形的内涵是否有更深层次的体会
环节三：学以致用，勇闯难关	活动：矩形的"减半"问题。 （1）想一想：任意给定一个矩形，是否一定存在另一个矩形，它的周长和面积是已知矩形周长和面积的一半？ （2）做一做：是否存在这样的矩形，你能想办法判断一下吗？ （3）议一议： ①是否就一定不存在满足条件的矩形呢？ ②当矩形满足什么条件时，才存在一个新的矩形，它的周长和面积是已知正方形周长和面积的一半？ （4）得出结论： ①当已知矩形的长 m 和宽 n 满足 $n^2+m^2 \geqslant 6mn$ 时，一定存在另一个矩形，其周长和面积分别是已知图形周长和面积的一半； ②当长 m 和宽 n 满足 $n^2+m^2 \leqslant 6mn$ 时，一定不存在另一个矩形，其周长和面积分别是已知图形周长和面积的一半	（1）在解决"想一想"的问题时，关注学生能否大胆地对图形进行猜测，并有一定的解决问题的思路和方法。 （2）在验证过程中，学生是否经历了从特殊到一般的验证过程？在验证一般性时，学生是否提出质疑，强调需要考虑到根的存在性？ （3）在学生四人小组合作的过程中，要着重关注学生的研究思路和设想，以及验证方法和过程是否合理；在进行全班交流时，要着重关注学生的表达能力和参与度，以及倾听、质疑、创新等能力。 （4）在总结结论的过程中，要注意关注学生是否能够理解求解过程中所应用的知识、方法，以及总结时是否具有条理性和逻辑性
环节四：拓广练习，巩固提高	（1）任意给定一个正三角形。 ①是否存在另一个正三角形，它的周长和面积分别是已知正三角形周长和面积的 3 倍？	（1）在综合应用知识解决正三角形和矩形的 3 倍和 $\frac{1}{3}$ 问题中，关注学生是否能够对课题的数学实质具有深入理解

续表

教学环节	学习活动	评价要点
环节四： 拓广练习， 巩固提高	②是否存在另一个正三角形，它的周长和面积分别是已知正三角形周长和面积的$\frac{1}{3}$？ （2）任意给定一个矩形。 ①是否存在另一个矩形，它的周长和面积分别是已知矩形周长和面积的3倍？ ②是否存在另一个矩形，它的周长和面积分别是已知矩形周长和面积的$\frac{1}{3}$？	（2）在验证过程中，关注学生是否进行了较为深刻的类比推广和反思，并将所获得的结论进行实质性的推广。 （3）在验证结束后，关注学生是否能够进一步提出相关的问题
环节五： 总结升华， 感悟数学	（1）在本节课的学习中，你学到了哪些数学知识？ （2）通过本节课的学习，你想对学生们说些什么？ （3）请把你在这两节课中的分析过程和最终结论总结成一份课题报告	（1）通过学生的相互补充，教师的适时引导与总结，关注引导学生对自己的学习过程进行提炼和反思，总结出解决这类问题的方法。 （2）引导学生关注数学实践活动，重视小组内的合作和交流，倾听小组成员的评价、建议，取长补短，共同提高

板书设计

综合与实践：

猜想、证明与拓广（2）

一、矩形的"减半"问题

证明过程（略）

二、正三角形的"3倍和$\frac{1}{3}$"问题

证明过程（略）

三、矩形的"3 倍和 $\frac{1}{3}$"问题

证明过程（略）

作业设计

课时	作业	内容
第 1 课时	课后拓广	1. 请从猜想的图形中任选一种，试试看你的猜想是否正确？ 2. 请同学们思考，想想看当"减半"时，我们的猜想是否仍然正确？
第 2 课时	课后拓广	请把你在这两节课中的分析过程和最终结论总结成一份课题报告

附　录
常见问题解答

问题1：深度学习"深"在哪里？是在内容难度上加深吗？

深度学习的"深"主要体现认知目标的水平的深浅，用布卢姆的认知目标理论解释，深度学习指向能够对学习内容进行应用、分析、综合、评价；与之对应的浅表学习则处于识记与理解水平，进行机械记忆与套用模式解题。深度学习要求学生对知识有着更深的加工，包括建立新知识与已有知识、经验的联系，形成批判性理解，能够在新情境中灵活地、创造性地运用知识。

例如，关于二元一次方程组的解法，有的学生只学习了代入消元法和加减消元法的具体步骤。而有的学生则将其理解为：为了达到消元的目的，利用等式性质对方程进行变形，进而，代入法和加减法只是具体的操作手段——这种理解水平的学生会具有更强的迁移能力和创造性解决问题的能力。如在解二元一次方程组时，灵活运用整体代入的方法消元。还有的学生会将这种"消元"的思想运用到未知领域。如在一元二次方程单元的学习中，面对实际问题，设两个未知数，列出二元二次方程组：$\begin{cases} x-5=y-2 \\ xy=54 \end{cases}$；然后，将其通过消元转化为一元二次方程解决。

深度学习并非内容难度的加深，两者之间有着本质的区别。内容难度上的加深，表现为学生需要面对难度更大的问题。一个刻画数学内容"难度"的理论提出影响难度的因素主要是两个：第一，该内容所涉及的概念对于学生而言的意义；第二，该内容的结构的复杂程度。[①] 例如关于解二元一次方程组，当系数由数字变为字母，特别是不同的未知数的字母系数具有一定的关系时，难度就变大了。这并非需

---

① 王长沛 . 数学教育与素质教育 ［M］. 北京：中华工商联合出版社，1999：288-289.

要学生对于解二元一次方程组的方法有更深层的理解，而是因为字母表示数这一概念对学生而言的意义不同。

难度过大的内容也可能甚至更可能导致浅表学习，数学教育的经验和研究表明，如果某个学习内容的难度超越了学生的认知及发展阶段，那么学生可能很难理解知识的意义与内涵、建立新知识与自己已有知识和经验的联系，只能靠机械记忆和模仿步骤解决问题。

问题 2：深度学习的"度"如何把握？

深度学习的"度"并非难度，而是学生的思维参与程度、对内容的加工程度，因此，与传统上所说的难度通常从易到难不同，深度学习的"度"未必一定从低到高。有研究者报告的典型例子就是，一位高智商学生大脑的某些所谓低水平思维的部位受到了损伤，但仍能够完美运行高水平思维任务。[①] 实际上，教学中常用的促进深度学习的"基于问题的学习""任务驱动式学习"等策略，经常始于评价、分析等高水平认知活动，待问题已经解决、任务已经完成后，再对其间所用的方法、实施的程序等进行分析，发现其中具有普遍意义的内容通常就是新知识。在这样的学习过程中，新知识从学生已有知识和经验中经由学生自己的解决问题和完成任务生长起来，理解和识记水平的认知活动也在同步进行。

比如这样一个问题：

为了迎接 2022 年北京冬奥会，小明提出一个设想：可以设计一些内角和为 2022° 的多边形地板砖，铺在一些场馆地面上。

小明的愿望能实现吗？

---

① Jensen, Nickelsen. 深度学习的 7 种有力策略 [M]. 温暖，译. 上海：华东师范大学出版社，2010：121.

这个问题如果出现在学习了多边形内角和公式之后，当然就显得非常简单，只需要根据多边形内角和公式列出方程即可得到答案，是一个通过浅层学习、简单理解就能够解决的问题。

但如果这个问题是学生学习多边形内角和公式前遇到的，就可以成为促进学生深度学习的问题。要想解决这个问题，没有现成的知识可用、现成的模式可套，需要学生首先对问题进行分析，认识到多边形内角和问题可以借助三角形内角和来解决，而这个问题的本质就是2022是否是180的整数倍。对这个问题的解决过程进行回顾后会发现，通过将 n 边形分割为 $n-2$ 个三角形，就可以得到 n 边形内角和，进而得到 n 边形内角和公式。在这样的学习过程中，学生通过分析、综合等认知活动，在新的情境下应用三角形内角和定理得到 n 边形内角和公式，同时也在识记和理解这一公式。

如果说组织深度学习需要把握"度"的话，那么主要还是要把握学生的情况，要根据学生的情况选择创设的情境、合适的素材，以避免非本质而过高的难度影响学生的深层学习。比如，在上述问题中，将2020°这个无关本质的数换成较小的数如520°——当然，相应的情境也要做出调整。

问题 3：深度学习教学设计与教师以往的教学有什么不同？

尽管许多老师刚刚接触"深度学习"这个概念，但并不意味着老师们以往的教学都是浅表学习，因此，不必将"深度学习教学设计"与"以往的教学"对立起来。与深度学习对应的概念是浅表学习或浅层学习。有研究者对两种学习的特点做了比较，如下页表所示。①

---

① 何玲，黎加厚. 促进学生深度学习 [J]. 现代教学，2005（5）：29-30.

深度学习与浅层学习比较

深度学习	浅层学习
弄清楚信息所包含的内在含义	依赖于死记硬背
掌握普遍的方式和内在的原理	记忆知识和例行的解题过程
列出证据归纳结论	理解新的思想感到困难
在学习过程中逐步加深理解	在学习中很少反思自己的学习目的和策略
对学习内容充满兴趣和积极性	对学习感到压力和烦恼
有逻辑地解释、慎重地讨论、批判性地思考	在活动和任务中收获较少
能区分论据与论证，即能区分事实与推理	不能从示例中辨别原理
能把所学的知识应用到实际生活中	不能灵活地应用所学到的知识
能把事物的各个部分联系起来，作为一个整体来看	孤立地看待事物的各个部分
能把所学的新知识与曾经学过的知识联系起来，重新建构自己的知识体系	不能对自己的知识体系进行很好的管理
主动参与到学习中来，能积极地与同学及老师产生互动和交流	被动地接受学习，学习是因为外在的压力，学习是为了考得高分

　　而指向深度学习的教学设计，则需要围绕着深度学习的特点展开，包括：对教学内容处理的整合性，开展单元教学设计，教学素材贴近现实、有吸引力，设计有思维空间的问题，问题提出后学生有较多的思考、展示与交流的机会，在学生遇到困难后促进学生的反思，布置一些开放性、探究性作业等。

问题4：深度学习要注意哪些问题？是否会加剧学生的两极分化？

　　指向深度学习的教学活动通常具有开放性和生成性，因此需要教师具有处理生成性问题，特别是自己预料之外生成性问题的能力，要注意发散之后的聚焦，否则课堂就可能成为个别优秀学生的独角戏，而他们在解决问题的过程中所运用的重要的概念和方法很可能没能被其他学生理解和捕捉，长此以往，就会出现两极分化。

数学是一门逻辑缜密的科学，每一步的推进都既需要思想的引领，同时也需要以具体知识为基础的运算与推理的跟进，而学生间的差异导致他们行进的速度不同。因此，教师务必需要根据学生的总体情况，在重要的节点停留、重复，确保大多数学生跟上前进的步伐，对个别学生给予单独指导，否则就有可能出现"激动人心的学习过程和令人沮丧的学习结果"的矛盾。这样，不但深度学习没实现，浅表学习也没能进行。

问题5：与常规教学相比，深度学习的课堂上，教师、学生有什么不同？

指向深度学习的数学课堂上，学生需要深度思考。深度思考的问题通常比较具有挑战性，因而需要更长的时间，学生还经常会走弯路，甚至深陷思维的泥泞而不能自拔。这就要求教师有更多的等待，理解学生走弯路的合理性，对学生的错误持包容态度；还需要善于观察与倾听，做学生智慧的发现者，推动学生通过对自己走过的思维路程的分析找到通往成功的道路。

我们不妨看两个案例①：

---

① 顿继安. 从"备学生"转向"研究学生"：基于学生研究的数学教学 [M]. 北京：教育科学出版社，2015：146-147.

案 例 链 接

"一擦了之"以后

上课时，在探讨对整式 $4a^4-16b^2$ 进行因式分解的过程时，生 1 首先汇报了自己的做法：$(2a^2)^2-(4b)^2=(2a^2-4b)(2a^2+4b)$。

之后老师问道："做完了吗？不用这个方法怎样？"边说边擦掉了生 1 的板书，叫起了生 2。生 2 的方法是：$4(a^4-4b^2)=4[a^2-(2b)^2]=4(a-2b)(a+2b)$。

在确认最终结果时，生 2 原本说 a^2，老师追问："是 a^2 吗？"开始生 2 还说"是"，老师又追问，生 2 就不知所措了。

案 例 链 接

从思考到回味

在等腰三角形的性质一课，边、角、三线合一的性质都已经被发现后，张老师让学生再观察观察是否还有发现。

生 1：（举手道）由等腰三角形的两边相等可以得到与底相邻的两角相等。

众生：（不屑地）说过了，黑板上不是已经有了吗？

该生讪讪地坐下了。

师：咱们同学都认为他重复了，但是我觉得，他的重复不一般。他提醒我们不是说角就只说角、说边就只说边，而是要用联系的视角看边和角，见到边要想到角，见到角要想到边。几何反复探讨的就是边呀、角呀，他悟到了：对于三角形来说，边的相等关系和角的相等关系可以相互转化，第一遍有第一遍的思考，第二遍就是在回味！

第一个案例中，教师希望展现自己认为更好的方法，因此对生 1 独立思考的价值模式，对生 1 的作品"一擦了之"，其急切的心情在其语气、表情上都有所反映，这势必会带来紧张的气氛，在这种紧张的氛围下，生 2 发生口误而不能自查就很容易理解了。

与第一个案例中的生 1 相比，第二个案例中的生 1 就幸运得多了。其实，很难说他是否真的在表达对于发现了三角形之间"边的相等关系和角的相等关系可以相互转化"的回味，但教师赋予了他的回答以价值，化解了他的尴尬，让他的回答成为教学中宝贵的资源。在这样的课堂中，学生会敢于把即使没把握、不成熟的想法表达出来，而不会由于恐惧而闭口。

不要怕学生走弯路，但是要让学生的弯路走得值得，还需要教师能够学会启发学生，也就是让学生觉察到自己已经开展但没能成功的思维过程的价值，认识到自己有价值但没能成功的思维的问题，从而从困难中走出来。比如下面的这个案例。

（案）（例）（链）（接）

"一元二次方程的解法"的弯路①

在"一元二次方程的解法"的教学中，一位教师先请学生自主探索解如下几个方程：

(1) $x^2 - 4 = 0$　　　　(2) $4x^2 + 3x = 0$

(3) $x^2 - 4x - 12 = 0$　　(4) $5x^2 + 3x - 2 = 0$

她发现，对于前两个方程，学生解得非常好，但在解后两个方程时，大约有 1/3 的学生遭遇了困难。如生 1 的表现是一种典型，该生将

---

① 顿继安. 态度·方法·知识：教师"读懂学生"的三重路径 以数学学科教学为例 [J]. 中小学管理，2017 (4)：37-39.

第三个方程 $x^2 - 4x - 12 = 0$ 变形为 $x^2 - 4x = 12$ 后，就陷入了困难。教师于是进一步了解生1的想法。

师：你是怎么产生将 -12 移到等号右边的想法的？

生1：我解方程 $x^2 - 4 = 0$ 时，是将 -4 移项到等号右边，方程就解出来了，所以就把这个题中左边的 -12 也移项到右边，但是发现没法做了。

师：那你分析一下，为什么 $x^2 - 4 = 0$ 移项后就能做了呢？

生1：因为这个方程就可以开方得到 x 了。

师：为什么这个能够直接开方呢？

生1：因为方程左边是完全平方数。

师：看来如果方程的左边是一个完全平方的样子就能开方求解了，那这个方程的左边与完全平方有什么差距呢？有什么启发呢？

生1：哦，加一个4就能够变为完全平方式了，我会了！

这里，教师的追问具有双重价值，它既让教师了解到学生想法的来源，也使学生觉察到自己的经验和行动的意义，让学生借助自己的经验、依靠自己的力量就突破了难点。

后　记

　　深度学习教学改进项目是在教育部基础教育课程教材发展中心整体设计和指导下开展的。初中数学学科的深度学习教学改进项目由首都师范大学的刘晓玫教授和北京市海淀区教师进修学校的黄延林老师等负责。在研究过程中，北京市海淀区教师进修学校附属实验学校、北京市中关村中学、北京市八一学校等作为本项目的实验学校，开展了积极的探索实践活动。实验学校的很多老师在教学实践过程中，从课程及教材的分析到具体的单元学习主题的确定，从学习任务的提出到评价方案的形成，不断探索、实践、交流、反思，体会深度学习的本质，形成了若干体现深度学习实质的教学方案。因此，一方面，《指南》的构架是在总项目组整体规划、设计之下形成的；另一方面，《指南》的内容既是初中数学学科组理论思考的结果，也是实验学校大量实践和集体讨论的结果。

　　《指南》各章的主要编写人员如下：第一章、第二章刘晓玫，第三章刘晓玫、黄延林、李超（北京市海淀区教师进修学校附属实验学校），第四章周海楠（北京市海淀区教师进修学校附属实验学校）、刘晴（北京市十一学校龙樾实验中学）、王艳平（中国人民大学附属中学北京经济技术开发区学校）、章巍（北京市十一学校一分校）、李慈秀（宁夏回族自治区银川市回民中学），附录顿继安

（北京教育学院）、张惠英（河北省石家庄市教育科学研究所）。在《指南》的讨论和形成过程中，王永会（北京师范大学出版社）、王瑞霖（首都师范大学）、焦艳玲（中国人民大学附属中学北京经济技术开发区学校）、金成豪（北京市海淀区教师进修学校附属实验学校）等参与了讨论。全书由刘晓玫统稿。

感谢教育部基础教育课程教材发展中心对初中数学学科的深度学习教学改进项目研究的科学设计、具体指导和精心组织。感谢教育科学出版社对《指南》的策划、编辑和出版，特别感谢郑莉编辑为《指南》所做的大量细致的、严谨的编校工作。

希望本指南的出版为初中数学深度学习的理论研究与实践探索提供参考，推动初中数学课程与教学改革的发展。

深度学习教学改进项目初中数学学科组
2019 年 10 月

出 版 人　李　东

策划编辑　刘　灿　池春燕

责任编辑　郑　莉

版式设计　宗沅书装　孙欢欢

责任校对　张晓雯

责任印制　叶小峰

图书在版编目（CIP）数据

　　深度学习：走向核心素养．学科教学指南．初中数学／刘晓玫主编；教育部基础教育课程教材发展中心，课程教材研究所组织编写. —北京：教育科学出版社，2019.11（2024.3 重印）

　　（深度学习教学改进丛书／田慧生主编）

　　ISBN 978-7-5191-2055-9

　　Ⅰ.①深…　Ⅱ.①刘…　②教…　③课…　Ⅲ.①中学数学课—教学研究—初中　Ⅳ.①G633

　　中国版本图书馆 CIP 数据核字（2019）第 227618 号

深度学习教学改进丛书

深度学习：走向核心素养（学科教学指南·初中数学）

SHENDU XUEXI：ZOUXIANG HEXIN SUYANG（XUEKE JIAOXUE ZHINAN · CHUZHONG SHUXUE）

出 版 发 行	教育科学出版社			
社　　　址	北京·朝阳区安慧北里安园甲 9 号	邮　　编	100101	
总编室电话	010-64981290	编辑部电话	010-64981269	
出版部电话	010-64989487	市场部电话	010-64989009	
传　　　真	010-64891796	网　　址	http://www.esph.com.cn	
经　　　销	各地新华书店			
制　　　作	北京金奥都图文制作中心			
印　　　刷	保定市中画美凯印刷有限公司			
开　　　本	720 毫米×1020 毫米　1/16	版　　次	2019 年 11 月第 1 版	
印　　　张	11.5	印　　次	2024 年 3 月第 6 次印刷	
字　　　数	139 千	定　　价	35.00 元	